"十三五"国家重点出版物出版规划项目

★ 转型时代的中国财经战略论丛 ◢

内部控制对企业非效率投资影响研究
——探寻微观企业与宏观经济发展的有效路径

李 云 著

中国财经出版传媒集团

经济科学出版社

Economic Science Press

图书在版编目（CIP）数据

内部控制对企业非效率投资影响研究：探寻微观企业与宏观经济发展的有效路径/李云著. —北京：经济科学出版社，2020.10
（转型时代的中国财经战略论丛）
ISBN 978-7-5218-2012-6

Ⅰ.①内… Ⅱ.①李… Ⅲ.①企业内部管理-影响-投资行为-研究-中国 Ⅳ.①F279.23

中国版本图书馆 CIP 数据核字（2020）第 207650 号

责任编辑：于海汛　李　林
责任校对：靳玉环
责任印制：李　鹏　范　艳

内部控制对企业非效率投资影响研究
——探寻微观企业与宏观经济发展的有效路径
李　云　著
经济科学出版社出版、发行　新华书店经销
社址：北京市海淀区阜成路甲 28 号　邮编：100142
总编部电话：010-88191217　发行部电话：010-88191522
网址：www.esp.com.cn
电子邮件：esp@esp.com.cn
天猫网店：经济科学出版社旗舰店
网址：http://jjkxcbs.tmall.com
北京季蜂印刷有限公司印装
710×1000　16 开　11 印张　170000 字
2020 年 12 月第 1 版　2020 年 12 月第 1 次印刷
ISBN 978-7-5218-2012-6　定价：48.00 元
(图书出现印装问题，本社负责调换。电话：010-88191510)
(版权所有　侵权必究　打击盗版　举报热线：010-88191661
QQ：2242791300　营销中心电话：010-88191537
电子邮箱：dbts@esp.com.cn)

总　序

转型时代的中国财经战略论丛

　　山东财经大学《转型时代的中国财经战略论丛》（以下简称《论丛》）系列学术专著是"'十三五'国家重点出版物出版规划项目"，是山东财经大学与经济科学出版社合作推出的系列学术专著。

　　山东财经大学是一所办学历史悠久、办学规模较大、办学特色鲜明，以经济学科和管理学科为主，兼有文学、法学、理学、工学、教育学、艺术学八大学科门类，在国内外具有较高声誉和知名度的财经类大学。学校于2011年7月4日由原山东经济学院和原山东财政学院合并组建而成，2012年6月9日正式揭牌。2012年8月23日，财政部、教育部、山东省人民政府在济南签署了共同建设山东财经大学的协议。2013年7月，经国务院学位委员会批准，学校获得博士学位授予权。2013年12月，学校入选山东省"省部共建人才培养特色名校立项建设单位"。

　　党的十九大以来，学校科研整体水平得到较大跃升，教师从事科学研究的能动性显著增强，科研体制机制改革更加深入。近三年来，全校共获批国家级项目103项，教育部及其他省部级课题311项。学校参与了国家级协同创新平台中国财政发展2011协同创新中心、中国会计发展2011协同创新中心，承担建设各类省部级以上平台29个。学校高度重视服务地方经济社会发展，立足山东、面向全国，主动对接"一带一路"、新旧动能转换、乡村振兴等国家及区域重大发展战略，建立和完善科研科技创新体系，通过政产学研用的创新合作，以政府、企业和区域经济发展需求为导向，采取多种形式，充分发挥专业学科和人才优势为政府和地方经济社会建设服务，每年签订横向委托项目100余项。学校的发展为教师从事科学研究提供了广阔的平台，创造了良好的学术生态。

习近平总书记在全国教育大会上的重要讲话，从党和国家事业发展全局的战略高度，对新时代教育工作进行了全面、系统、深入的阐述和部署，为我们的科研工作提供了根本遵循和行动指南。习近平总书记在庆祝改革开放40周年大会上的重要讲话，发出了新时代改革开放再出发的宣言书和动员令，更是对高校的发展提出了新的目标要求。在此背景下，《论丛》集中反映了我校学术前沿水平、体现相关领域高水准的创新成果，《论丛》的出版能够更好地服务我校一流学科建设，展现我校"特色名校工程"建设成效和进展。同时，《论丛》的出版也有助于鼓励我校广大教师潜心治学，扎实研究，充分发挥优秀成果和优秀人才的示范引领作用，推进学科体系、学术观点、科研方法创新，推动我校科学研究事业进一步繁荣发展。

伴随着中国经济改革和发展的进程，我们期待着山东财经大学有更多更好的学术成果问世。

山东财经大学校长

2018 年 12 月 28 日

前　言

转型时代的中国财经战略论丛

企业投资关系到企业资源的合理配置，是企业价值创造和持续发展的源泉，而且微观企业的投资也是宏观经济增长的主要推动力量。非效率投资是指偏离了企业预期最优投资水平的投资，超过预期最优投资水平的投资被称为过度投资，表现为接受了净现值小于零的投资项目，低于预期最优投资水平的投资被称为投资不足，表现为放弃了本可能投资的净现值大于零的投资项目，过度投资与投资不足均无益于企业价值最大化。

近年来，在我国经济高速增长的背后，企业过度投资所导致的"行业投资过热""重复建设""产能过剩"等负面影响不绝于耳，造成了资源利用的浪费和低效，而且大量投资项目甚至以牺牲环境为代价，对社会可持续发展构成严重威胁；而一些企业受制于融资难的问题或管理者本身的不作为等原因，放弃了好的投资机会，又产生严重的投资不足。

内部控制涉及企业所有的利益相关者和企业生产经营的整个过程，是企业内外部治理的重要工具。我国财政部会同当时的审计署、证监会、银监会、保监会分别于 2008 年和 2010 年颁布了《企业内部控制基本规范》和《企业内部控制配套指引》，标志着融合国际先进经验、适应我国企业实际情况的内部控制规范体系基本建成，我国企业的内部控制建设进入新时期。

本书将内部控制与企业投资纳入同一分析框架，进行内部控制对企业非效率投资影响的机理分析和实证研究，拓展了内部控制经济后果和非效率投资治理机制的研究。

本书针对目前上市公司强化内部控制建设以及鼓励企业创新投资、

促进新旧动能转换、加强环境保护与资源节约的大背景,主要解答以下问题:我国上市公司内部控制与非效率投资的现状如何,内部控制是否在治理上市公司的非效率投资中发挥了重要作用,不同产权性质上市公司内部控制对非效率投资的治理是否存在差异,不同环保压力下的重污染与非重污染行业上市公司内部控制对非效率投资的治理是否存在差异,内部控制是否成为环境保护的重要工具,从而为上市公司提高投资效率、促进我国经济平稳健康发展、加强生态文明建设提供一定的指引。

本书认为,委托代理问题(包括股东与管理者代理、大股东与中小股东代理和股东与债权人代理)、信息不对称(包括逆向选择和道德风险)和管理者过度自信是非效率投资的主要动因,内部控制的内部环境、风险评估、控制活动、信息与沟通、内部监督五大要素能够有效缓解企业的委托代理问题和信息不对称,制约管理者过度自信的非理性心理,从而抑制企业的非效率投资。

本书以我国沪深两市 A 股主板 869 家上市公司为研究对象,采用 2009~2017 年度的均衡面板数据,使用理查森(Richardson,2006)模型度量企业的非效率投资,使用迪博中国上市公司内部控制指数作为内部控制质量的度量指标,构建实证研究模型,实证检验了内部控制对企业非效率投资的影响,并将产权性质与环保压力纳入了实证分析范畴,进行了不同产权性质企业内部控制对非效率投资影响差异与不同环保压力企业内部控制对非效率投资影响差异实证研究。

本书的主要研究结论为:

(1) 我国上市公司过度投资与投资不足现象同时存在,而且投资不足较过度投资更为普遍。

(2) 内部控制能够显著抑制上市公司的非效率投资整体水平、过度投资和投资不足,我国自 2008 年实施的内部控制规范体系取得了良好的效果。

(3) 内部控制抑制非效率投资受到企业产权性质的影响。内部控制能够有效抑制中央国企和民营企业的非效率投资整体水平,而且民营企业较中央国企内部控制对非效率投资的抑制作用更强。进一步区分过度投资和投资不足,内部控制只能有效抑制民营企业的过度投资和国有企业(中央国企与地方国企)的投资不足,对民营企业的投资不足和国有企业（中央国企与地方国企）的过度投资抑制作用不显著。

（4）民营企业内部控制发挥了较好的对现金流的控制作用，能够有效抑制自由现金流滥用所导致的过度投资和与自由现金流缺乏相关的投资不足，国有企业中只有地方国企内部控制对与自由现金流缺乏相关的投资不足产生显著抑制作用。

（5）重污染企业和非重污染企业所承受的环保压力不同，过度投资与投资不足所面对的环境风险不同，与非重污染企业相比，内部控制对重污染企业过度投资的抑制作用更强，对投资不足的抑制作用更弱。进一步区分产权性质，民营重污染企业较非重污染企业内部控制对过度投资的抑制作用更强，对投资不足的抑制作用更弱；中央国有重污染企业较非重污染企业内部控制对投资不足的抑制作用更弱；地方国有重污染企业内部控制面对环保压力在投资方面没有做出积极反应。

针对实证研究结果，本书分别从企业和监管部门的角度提出了相应的对策建议。

本书的主要创新点如下：

（1）构建了内部控制治理非效率投资的逻辑框架。从内部控制的特征、目标、要素三个方面系统、全面地分析了内部控制抑制非效率投资的作用机理，构建了内部控制治理非效率投资的逻辑框架。

（2）理论分析并实证检验了不同环保压力下的重污染与非重污染企业内部控制对非效率投资的影响差异。将内部控制对企业非效率投资的影响与环境保护相结合，理论分析并实证检验了不同环保压力下的重污染与非重污染企业内部控制对非效率投资的影响差异，既拓展了内部控制的作用边界，又为监管部门从微观重污染企业角度减轻环境污染探索到一条有效途径。

（3）理论分析并实证检验了三类不同产权性质企业内部控制对非效率投资的影响差异。将上市公司按产权性质划分为中央国有企业、地方国有企业和民营企业三类，理论分析并实证检验了不同产权性质企业面临内外部环境差异所导致的内部控制对非效率投资的影响差异，弥补了以往研究中将企业按产权性质简单分为国有与非国有两类进行分析的不足，增加了研究维度，提出了更具针对性的对策建议。

（4）进行了内部控制对自由现金流过度投资和投资不足影响的实

证检验。在内部控制对非效率投资影响的实证研究中，融入了内部控制对自由现金流滥用所导致的过度投资和与自由现金流缺乏相关的投资不足影响的实证检验，从而寻找出内部控制抑制非效率投资的直接路径，并从现金流管理角度提出内部控制治理非效率投资的相应对策建议。

李 云

2020年5月

目 录

转型时代的中国财经战略论丛

第1章 绪论 …………………………………………………… 1
  1.1 研究背景 ………………………………………………… 1
  1.2 研究意义 ………………………………………………… 4
  1.3 国内外研究现状综述 …………………………………… 6
  1.4 研究思路与内容 ………………………………………… 22
  1.5 研究方法与技术路线 …………………………………… 24
  1.6 本书创新点 ……………………………………………… 27

第2章 非效率投资的内涵与动因 …………………………… 29
  2.1 非效率投资的内涵 ……………………………………… 29
  2.2 委托代理与非效率投资 ………………………………… 36
  2.3 信息不对称与非效率投资 ……………………………… 45
  2.4 管理者过度自信与非效率投资 ………………………… 49
  2.5 本章小结 ………………………………………………… 52

第3章 内部控制的制度背景与对非效率投资的治理分析 … 53
  3.1 内部控制的制度背景 …………………………………… 53
  3.2 内部控制抑制非效率投资：内部控制特征
      角度的分析 ……………………………………………… 59
  3.3 内部控制抑制非效率投资：内部控制目标
      角度的分析 ……………………………………………… 61

3.4 内部控制抑制非效率投资：内部控制要素角度的分析 …………… 63

3.5 本章小结 ……………………………………………………………… 72

第4章 内部控制对企业非效率投资影响实证研究 ………………………… 74

4.1 研究假设 ……………………………………………………………… 74

4.2 样本选取与数据来源 ………………………………………………… 77

4.3 变量设定 ……………………………………………………………… 78

4.4 模型构建 ……………………………………………………………… 82

4.5 非效率投资度量模型回归结果分析 ………………………………… 83

4.6 描述性统计分析 ……………………………………………………… 85

4.7 内部控制与非效率投资模型回归结果分析 ………………………… 87

4.8 稳健性检验 …………………………………………………………… 94

4.9 本章小结 ……………………………………………………………… 97

第5章 内部控制对不同产权性质企业非效率投资影响差异研究 ………… 98

5.1 理论分析与研究假设 ………………………………………………… 98

5.2 研究设计 ……………………………………………………………… 103

5.3 描述性统计分析 ……………………………………………………… 103

5.4 回归结果分析 ………………………………………………………… 110

5.5 实证结果汇总 ………………………………………………………… 116

5.6 稳健性检验 …………………………………………………………… 117

5.7 本章小结 ……………………………………………………………… 118

第6章 内部控制对不同环保压力企业非效率投资影响差异研究 ………… 120

6.1 理论分析 ……………………………………………………………… 120

6.2 研究假设 ……………………………………………………………… 124

6.3 研究设计 ……………………………………………………………… 126

6.4 描述性统计分析 ……………………………………………………… 127

6.5 回归结果分析 ………………………………………………………… 132

6.6 实证结果汇总 ………………………………………………………… 137

6.7 稳健性检验 …………………………………………………………… 138

6.8 本章小结 ………………………………………………… 141

第 7 章 研究结论与政策建议 ……………………………… 143

7.1 研究结论 ………………………………………………… 143
7.2 政策建议 ………………………………………………… 145
7.3 研究局限与进一步研究方向 …………………………… 147

参考文献 …………………………………………………………… 148

第1章 绪　　论

1.1　研究背景

投资居于企业筹资、投资与股利分配三大财务管理对象的核心地位，是企业融资行为的目标，又是股利支付的前提和保障，关系到企业资源的合理配置，对企业的经营风险、盈利能力、成长机会等都具有重要影响，是企业价值创造和持续发展的源泉。

在莫迪利安尼和米勒（Modigliani and Miller，1958）所描述的无摩擦和交易成本的理想世界里，投资决策完全取决于净现值（NPV），只要NPV大于零，企业价值就会增长，企业只对NPV为正的投资机会感兴趣。然而，由于代理冲突、信息不对称、管理者非理性心理等诸多不利因素的存在，企业投资会发生偏离，形成表现为过度投资或投资不足的非效率投资。过度投资是指企业投资于NPV小于零的投资项目，虽然企业规模不断扩大但企业价值却没有相应增长；投资不足是指企业放弃了本可能投资的NPV大于零的投资项目，丧失了增长企业价值的机会。

近年来"唯GDP论"在我国一度盛行，经济也呈现出投资强力驱动的特点，此背景下，我国众多企业违背投资回报原则，片面追求企业规模最大化而进行过度投资，导致重复建设严重，形成产能过剩。但也有大量企业受到不公正的融资待遇或者自身融资能力有限，不得不面对融资约束而放弃好的投资机会，出现投资不足。现实经济中大量共存着过度投资和投资不足的非效率资源配置情况，我国上市公司的非效率投资行为较为普遍①。企业投资作为全社会投资的重要组成部分，对宏观经济的增长发挥着极为重要的作用，而非效率投资会降低社会资源的整体配置效率，对我国经济的发展进程产生负面影响。当前，如何抑制企业非效率投资、优化企业投资决策已成为我国经济发展亟待解决的现实问题，也是当前理论界和实务界关注的重要课题。

2001 年美国"安然""世通"②等重大财务舞弊案的发生，凸显了企业内部控制的重要性，内部控制有效性的缺失将会给企业和市场带来巨大损失已成为共识，全世界范围对上市公司内部控制的监管在逐步强化，一系列强有力的内部控制监管制度也相继出台。美国 2002 年颁布了《萨班斯—奥克斯利法案》（简称 SOX 法案）③，强制要求美国上市公司对内部控制的有效性进行自我评价，出具内部控制自我评价报告，并聘请注册会计师对该报告进行审计。在借鉴 SOX 法案的基础上，我国财政部等五个部门于 2008 年联合发布了《企业内部控制基本规范》，并从 2009 年 7 月 1 日开始执行，确立了我国企业建立和实施内部控制的基本框架。五部门在 2010 年又联合发布了《企业内部控制配套指引》，该配套指引由《企业内部控制应用指引》《企业内部控制评价指引》和《企业内部控制审计指引》三部分组成，标志着融合国际先进经验、适应我国企业实际情况的内部控制规范体系基本建成④。执行内部控制规范体系的企业，需要对本企业内部控制的有效性进行自我评价，披露年度内部控制自我评价报告，同时聘请具有证券期货业务资格的会计师事务所对企业财务报告内部控制⑤的有效性进行审计，出具内

---

① 张纯、吕伟：《信息披露、信息中介与企业过度投资》，载于《会计研究》2009 年第 1 期，第 62 页。

周伟贤：《投资过度还是投资不足——基于 A 股上市公司的经验证据》，载于《中国工业经济》2010 年第 9 期，第 151 页。

姜秀付、伊志宏、苏飞、黄磊：《管理者背景特征与企业过度投资行为》，载于《管理世界》2009 年第 1 期，第 130 页。

② 美国历史上著名的公司破产案，两个公司破产的重要原因是财务造假，也直接导致了安达信会计师事务所（原世界五大会计师事务所之一）的倒闭。

③ 由美国参议院银行委员会主席萨班斯和众议院金融服务委员会主席奥克斯利联合提出，全称为《2002 年公众公司会计改革和投资者保护法案》，国会参众两院通过，美国总统布什签署。

④ 中华人民共和国财政部官方网站。

⑤ 为保证财务报告信息完整、真实而设计和运行的内部控制，鉴于非财务报告内部控制审计的难度，目前我国只要求对财务报告内部控制进行审计。

部控制审计报告。

截至 2017 年 12 月 31 日，我国沪深两市证券交易所共有上市公司 3485 家（包括主板、中小板和创业板）。在 2017 年度，3245 家上市公司披露了内部控制自我评价报告，占全部上市公司的 93.11%，其中 3177 家上市公司的内部控制自我评价结论为整体有效，占比为 97.90%；2017 年度，2596 家上市公司聘请会计师事务所对财务报告内部控制的有效性进行了审计并披露了内部控制审计报告，占全部上市公司的 74.49%，其中 2481 家上市公司的审计结果为标准无保留意见，占比为 95.57%[①]。可见，经过近十年的发展，我国企业广泛、深入地实施内部控制规范体系，积极进行自身内部控制建设，取得了良好的效果。在此背景下，与企业内部控制有关的研究近年来也逐渐成为学术界关注的焦点。

《企业内部控制基本规范》给出的内部控制的权威定义为：内部控制是由企业董事会、监事会、经理层和全体员工实施的、旨在实现控制目标的过程。内部控制的目标是合理保证企业经营管理合法合规、财务报告及相关信息真实完整、资产安全，提高经营的效率和效果，促进企业实现发展战略。鉴于投资活动在企业中的重要地位，投资的合理决策和有效实施是提高企业经营效率和效果、实现发展战略的重要保证。因此，内部控制是否在企业投资中扮演了重要角色，是否能够有效抑制企业的非效率投资，便成为当前值得关注的重要话题，亦成为检验企业内部控制规范体系实施效果的一个重要方面。

《企业内部控制基本规范》是由中央政府主导、自上而下实施的，国有企业尤其是中央国有企业起到示范建设作用，再加上各种产权性质企业在内部治理结构以及外部治理环境等方面的差异，国有企业与民营企业、中央国有企业与地方国有企业实施内部控制规范体系的经济后果可能会存在差异，验证不同产权性质企业内部控制对非效率投资的影响差异必然成为本书不能避开的话题。

我国的经济增长特别是工业经济的增长在一定程度上是以牺牲生态资源环境为代价的增长，也导致近年来我国部分地区"三废"排放超

---

① 资料来源：山东财经大学"中国上市公司执行企业内部控制规范体系情况分析"课题组。

标、水体污染严重、雾霾天气频发①，环境污染问题已引起全社会的广泛关注，党中央、国务院也将污染防治作为近期要重点抓好的三大攻坚战之一②。企业是资源消耗与环境污染的主要制造者，超过80%的环境污染物产生于企业，而重污染企业又占主体③。面对环境污染，当我们目光集中到企业的非效率投资时，重污染企业的过度投资不仅无益于企业价值增加，其导致的产能过剩更会显著增加污染物的排放，加重环境污染。在当前举国上下关注环境保护、加强环境治理的大背景下，重污染企业面对巨大的环保压力，作为企业履行环保职能的传导机制，内部控制对重污染企业的过度投资是否产生显著的抑制作用，与对投资不足的影响是否存在差异，与对非重污染企业过度投资、投资不足的影响是否存在差异，内部控制是否为环境保护贡献了一分力量，都是当前值得关注的重要问题。

1.2 研究意义

1.2.1 理论价值

从2009年实施《企业内部控制基本规范》以来，我国学术界针对内部控制的研究如火如荼，有大量优秀的成果问世。但由于数据收集等方面的原因，前几年的研究主要侧重于内部控制信息披露和内部控制的影响因素方面。大约从2012年开始，鉴于《企业内部控制基本规范》已经实施了较长的一段时间，针对内部控制经济后果的研究逐渐成为主流，国内许多学者从企业绩效、会计信息质量、企业风险等角度对内部控制的经济后果进行了广泛探讨，绝大部分得出了积极的结论。然而，围绕投资这一重要活动来探讨内部控制经济后果的文献依然较少，内部

---

① 任理轩：《坚持绿色发展（深入学习贯彻习近平同志系列重要讲话精神）》，载于《人民日报》2015年12月22日第7版。
② 2017年举行的中央经济工作会议会议确定，党的十九大报告做了具体阐释。
③ 沈红波、谢越、陈峥嵘：《企业的环境保护、社会责任及其市场效应》，载于《中国工业经济》2012年第1期，第141页。

控制在企业投资中的角色这一重要命题一直是被学术界相对忽视的内容。本书将内部控制和企业投资纳入同一分析框架，探讨内部控制对企业非效率投资的影响，拓展和丰富了内部控制经济后果的研究。

以往针对非效率投资治理机制的研究多集中于公司治理、管理层激励、会计信息质量、资本结构等方面，主要是由于这些方面的研究比较成熟，文献丰富而且数据收集相对容易，然而，也许是这些非效率投资治理机制的实际操作性较差，相关研究多是只得出实证结果以及简单的对策建议。内部控制是由政府主导并强制实施的，《企业内部控制基本规范》和《企业内部控制配套指引》对企业内部控制的建设与实施提供了详细的规范和指引。本书的研究将拓展非效率投资治理机制的研究，并拓展到了更为具体和更具操作性的治理机制的研究。

与重污染企业相关的研究一般总会与环境保护相联系，但目前针对重污染企业环境保护的研究主要集中在环境信息披露、环保投资以及技术创新等方面。本书将内部控制抑制过度投资作为重污染企业的环保行为进行探讨，拓展了重污染企业环境保护方面的经管类研究。

1.2.2 现实意义

（1）我国内部控制规范体系的颁布和实施表明，我国政府已逐渐认识到高质量的内部控制对企业和社会经济发展的重要作用，也期望国家推动的内部控制建设能够在中国特色社会主义经济建设中发挥应有的历史作用。本书从内部控制治理非效率投资的角度检验2009年以来所实施的内部控制规范体系的具体效果，将为内部控制的有用性提供新的经验证据。

（2）本书所进行的内部控制对非效率投资影响的机理分析与实证检验，一方面能够使企业充分认识到内部控制建设对抑制非效率投资进而增加企业价值的积极影响，帮助企业从自身建设角度探索优化企业投资行为和提高投资效率的路径与措施；另一方面也有助于政府部门认识到加强企业内部控制监管对提高企业投资效率的重要性，为当前监管机构制定有关内部控制和投资者保护方面的政策提供一个有益的视角，促进中国经济平稳、协调发展。

（3）本书所探讨的在不同产权性质的企业中内部控制对非效率投

资的治理效应差异，能够为我国不同产权性质企业的管理层提供内部控制实施效果的经验证据，为不同产权性质企业加强内部控制建设、充分发挥内部控制的作用从而提高投资效率提供有针对性的对策建议，同时也为监管机构加强对不同产权性质企业内部控制与投资行为的管理提供差异化的政策支持。

（4）本书所探讨的不同环保压力下的企业即重污染与非重污染企业中，内部控制对非效率投资的治理效应差异，能够检验内部控制在治理过度投资与投资不足方面对环保压力的敏感性，检验内部控制是否通过影响企业投资效率而成为减轻环境污染的有利工具，搭建了通过加强重污染企业内部控制抑制过度投资从而减轻环境污染的有效路径，这无论是对内部控制作用的进一步评价，还是企业制定加强自身资源节约与环境保护的有效措施，还是环境监管部门从微观企业角度探寻环境保护的有效途径，都具有重要实际意义。

1.3　国内外研究现状综述

1.3.1　内部控制经济后果研究

1. 内部控制与企业绩效

内部控制的一个重要目标是通过一系列的制度安排提高企业经营的效率和效果，国内外的研究也普遍证明高质量内部控制能够提高企业的绩效，而内部控制存在缺陷会对企业绩效产生负面影响。

瑞扎伊和杰恩（Rezaee and Jain，2006）、李等（Li et al.，2008）认为实施内部控制有助于提升公司价值，他们发现在SOX法案实施后公司股价做出了积极反应。哈默斯利等（Hammersley et al.，2008）、贝尼什等（Beneish et al.，2008）发现内部控制缺陷的披露会引起公司股价的负面反应，并且股价下跌的幅度与内控缺陷和内控风险的严重程度相关联。格和麦克维（Ge and McVay，2005）通过研究美国10000家公司中披露内部控制缺陷的145家公司后发现，内部控制缺陷与企业盈利能力呈负相关关系。道尔等（Doyle et al., 2007）发现，那些规模小、利润率低的公司更有可能出现内部控制缺陷。冯等（Feng et al., 2015）发现与存货相关的内部控制缺陷会降低企业的存货周转率并且更容易引起存货减值，而缺陷修复后这种情况得到改善，从而促进企业销售额、利润率以及经营现金流量的增长。

在我国，净资产收益率（ROE）和总资产收益率（ROA）是衡量企业绩效最常用的两个指标。袁晓波（2014）使用沪市制造业上市公司2008~2010年的数据，实证检验了内部控制与企业绩效的关系，发现内部控制与企业的ROE存在显著的正相关关系。钟玮和杨天化（2010）以2004~2008年度我国银行类上市公司为研究样本，研究发现内部控制与ROA存在显著正相关关系。刘焱和姚树中（2014）以2008~2012年沪深两市非金融类上市公司数据为依据，从企业动态发展的角度探讨了处于生命周期不同阶段的公司内部控制对企业绩效的影响差异，发现处于成熟期和衰退期的上市公司内部控制质量与企业绩效显著正相关，而处于成长期的上市公司内部控制对企业绩效的影响不显著。叶陈刚等（2016）以2007~2014年A股上市公司为样本，研究发现内部控制对企业的ROE和ROA的影响因产权性质的不同而表现出显著差异，民营企业的内部控制质量对企业绩效具有显著的正向影响，而国有企业由于"内部人"控制等原因使得内部控制制度的建设与实施流于形式，发挥不了实质性的作用，内部控制质量与企业绩效之间不存在显著相关关系。

经济增加值（EVA）是从企业税后净营业利润中扣除股权和债务的全部资本成本后的所得，其核心理念是企业的盈利只有高于其资本成本时才会为股东创造价值，是一种真实反映企业经营者有效使用资本和为股东创造价值能力的绩效考核工具。池国华和杨金（2013）认为内部控制是通过影响企业的增长、盈利与风险来影响企业的EVA，并以2011年沪市A股上市公司为样本，实证检验了高质量的内部控制能够给公司带来更高的EVA，高质量的内部控制能够改善公司价值创造的效果。杨松令等（2014）以2012年沪深两市中央国有上市公司为研究对象，发现内部控制对EVA具有显著的正向促进作用，内部控制质量越高，企业所创造的价值越高。

托宾Q等于公司市场价值与预计重置成本的比值，而市场价值是公司潜在的未来收益的综合计量结果，因此，托宾 Q 是衡量企业绩效的一个重要的价值指标。林钟高等（2007）以随机抽取的部分上市公司 2002~2005 年的数据，对内部控制与企业价值的相关性进行了实证检验，发现企业内部控制质量的提高对企业价值（托宾 Q）有着显著的提升作用。于海云（2011）发现内部控制质量越高的企业市场给予的评价越高，企业价值（托宾 Q）越高。李荣梅和张胜强（2013）以沪深两市 150 家上市公司 2012 年的数据为研究样本，发现内部控制五大要素中的控制活动、信息与沟通与企业价值（托宾 Q）呈较弱的正相关关系，而控制环境、风险评估与企业价值呈较强的正相关关系，只有内部监督与企业价值负相关。宋常等（2014）以 2009~2011 年非周期行业上市公司为样本，也发现内部控制与托宾 Q 正相关。姚瑶等（2015）以 2007~2009 年我国上市公司为研究对象，发现托宾 Q 随着公司内部控制的改善而提高，而且当上市公司所处的外部制度环境较好时，内部控制改善对托宾 Q 的提升作用更加明显。另外，郝东洋等（2015）以股权市值、净债务市值之和与期末总资产的比值衡量企业价值，发现内部控制通过优化资本结构的动态调整过程而提升了企业价值。

2. 内部控制与会计信息质量

盈余管理程度是衡量会计信息质量的一个重要指标，较高的盈余管理程度代表了管理层对企业盈余较多的操纵，对应着较低的会计信息质量。盈余管理包括会计选择与真实活动盈余管理。会计选择盈余管理是指企业利用会计准则中的自由选择权，通过会计估计、会计政策选择等调整会计数据、操纵会计利润，通常采用应计项目质量进行衡量，应计项目质量越低，会计选择盈余管理程度越高。真实活动盈余管理是指管理层通过偏离正常生产经营状况的真实经营活动来操纵利润的行为。

内部控制对会计选择盈余管理影响的研究较多，得出的结论基本一致。道尔等（Doyle et al.，2007）以美国 2002~2005 年披露内部控制缺陷的 705 家公司为研究样本，发现内部控制缺陷与应计项目质量之间存在显著的负相关关系，并且这种关系在存在公司层面内部控制缺陷的样本中更为明显。阿什巴夫—斯卡伊夫等（Ashbaugh - Skaife et al.，2008）也认为报告内部控制缺陷的公司有较低质量的应计项目、有显著大的正或负的异常应计项目。陈等（Chan et al.，2008）研究表明，存在内部控制重大缺陷的公司，有更多正的、完全自由决定的应计项目，而应计项目质量随着内部控制缺陷的修正会相应提高。在国内，齐保垒等（2010）利用2007～2008年度中国A股上市公司的数据，发现存在内部控制缺陷的公司应计项目质量显著低于不存在内部控制缺陷的公司。许江波（2013）以2009～2010年披露内部控制自我评价报告的深市主板A股上市公司为样本，研究结果表明企业内部控制缺陷的存在会降低应计项目质量，其中，较难通过审计发现的公司层面内部控制缺陷对企业应计项目质量的负向影响更大。董望和陈汉文（2011）以2009年度中国A股上市公司为样本，研究发现高质量的内部控制提高了企业的应计质量。吴益兵（2012）以2007～2008年度A股主板上市公司为研究对象，发现内部控制质量与会计选择盈余管理水平存在显著的负相关关系，内部控制能够有效抑制上市公司的会计选择盈余管理。刘启亮等（2013）以2007～2009年度沪深上市公司为研究对象，发现内部控制质量与应计项目质量显著正相关，但内部控制对会计信息质量的提升作用受制于公司内部高管的权力配置情况，在高管权力集中的情况下，内部控制的改善对会计信息质量的提升作用不明显。王运陈等（2015）选取2009～2010年度A股主板上市公司为样本，研究发现高质量的内部控制能够显著提高企业的应计项目质量，相比于非国有企业，国有企业中内部控制对会计信息质量的提升作用更显著。

罗伊乔杜里（Roychowdury，2006）在对真实活动盈余管理的度量取得了重大突破之后，内部控制与真实活动盈余管理的相关研究也开始出现，但得出的结论并不一致。科恩等（Cohen et al.，2008）认为SOX法案的实施使公司从应计项目盈余管理转向真实活动盈余管理。方红星和金玉娜（2011）以2009年度A股非金融类上市公司为样本，发现内部控制能够同时抑制企业的会计选择和真实活动盈余管理。叶建芳等（2012）以2008～2010年度深市A股主板上市公司为研究对象，探讨了内部控制缺陷及其修复与盈余管理之间的关系，发现存在内部控制缺陷的企业较不存在内部控制缺陷的企业有更严重的会计选择盈余管理和真实活动盈余管理程度，而内部控制缺陷修复后，两种盈余管理的程度都会降低。范经华等（2013）以2008～2009年中国A股上市公司为研究对象，发现高质量的内部控制只能有效抑制企业的会计选择盈余管理，对真实活动盈余管理的抑制作用不明显。

稳健性是衡量会计信息质量的另一个重要指标。会计稳健性是指企业对"好消息"（比如收入和利得）的确认要比对"坏消息"（比如费用和损失）的确认有更加严格的证据要求，即企业对"坏消息"的反应程度要大于"好消息"，对"坏消息"的确认更加及时。作为会计信息应具备的重要内在特征之一，稳健性体现了企业对风险所应该保持的谨慎态度。吴和李（Goh and Li，2011）研究发现，存在内部控制缺陷的公司会计稳健性较低，而将内部控制缺陷进行整改后会计稳健性增强。齐保垒等（2010）发现存在内部控制缺陷的公司其会计稳健性要显著低于不存在内部控制缺陷的公司。方红星和张志平（2012）以2007~2010年深市A股非金融类上市公司为样本，实证研究结果表明较高的内部控制质量能够限制管理层的机会主义行为，对预期经济损失即"坏消息"能够更及时地识别和确认，会计稳健性更强。徐虹等（2013）、陈军梅（2015）分别以2009~2010年度、2011~2012年度沪深A股上市公司为样本进行实证研究，均得出企业内部控制质量越高，会计稳健性越强的结论。尚春玲和高洁（2014）以2011年沪深A股主板上市公司为样本，发现高质量的内部控制能够显著提升会计信息的稳健性，与国有企业相比，非国有企业内部控制对会计稳健性的提升作用更明显。

3. 内部控制与企业风险

预防和降低企业风险是内部控制的核心思想，内部控制对企业风险的影响也是内部控制经济后果的一个重要方面。奥格涅娃等（Ogneva et al.，2007）认为内部控制缺陷会给企业带来额外的风险，增加未来现金流的不确定性，出现显著为负的市场价格反应，甚至导致企业经营失败。霍根等（Hogan et al.，2008）发现存在内部控制缺陷的公司与同行业平均水平相比，有更高的固有风险和信息风险，投资者会要求更高的风险回报。罗斯等（Rose et al.，2010）发现投资者会调高存在内部控制缺陷公司的风险评级，使公司发生不好的市场表现，从而增加公司的信息风险和经营风险。阿什巴夫—斯卡伊夫（Ashbaugh-Skaife，2009）发现内部控制信息披露越不完善的公司，其非系统风险和市场风险均越高。陈等（Chen et al.，2017）发现内部控制的控制环境、信息和沟通以及内部监督要素与企业未来股价崩盘风险显著负相关。王永海和石青梅（2016）以 2010~2014 年中国沪深两市 A 股主板上市公司为研究对象，发现内部控制规范体系的实施提升了公司经营风险的承受水平，而且这种风险承受的激励效应在高市场化进程地区的公司以及高股权集中度和国际四大审计的国有控股公司中更显著。闫志刚（2012）以 2010 年沪市主板上市公司为研究对象，发现内部控制质量的改善提高了企业经营效果和效率，降低了企业的经营管理风险，表现为企业未来现金流分布的优化。高明华和杜雯翠（2013）利用沪深 A 股上市公司 2010 年的数据，发现高质量的内部控制能够有效降低企业的经营风险，而且国有企业内部控制对经营风险的抑制作用较民营企业更为显著。林钟高和陈曦（2016）以 2010~2014 年上市公司为研究对象，发现内部控制缺陷会显著增加企业的财务风险，而内部控制缺陷的修复会降低财务风险。林钟高和陈俊杰（2016）也发现内部控制缺陷越大，企业财务风险越高，而缺陷修复能显著降低财务风险，并通过进一步研究发现，国有企业较民营企业由于内部控制缺陷导致出现财务风险的可能性较低，且中央国企与地方国企相比，更不容易因内部控制缺陷导致财务风险的出现。戴文涛等（2014）以 2011 年沪深上市公司为样本，研究了内部控制与企业经营风险和财务风险的关系，发现业内部控制质量与两种风险均呈显著负相关关系，而且内部控制各目标的控制质量和两种风险也均呈显著负相关关系，任何一个内部控制目标没有实现都会增加企业的经营风险和财务风险。方红星和陈作华（2015）以 2009~2011 年度沪深两市 A 股主板上市公司为研究对象，实证检验了内部控制能否有效应对企业的特质风险和系统风险，结果表明，高质量的内部控制能够有效抑制特定因素的发生，使得企业特质风险的水平降低；内部控制质量越高，企业应对经济因素或市场因素变动的能力就越强，越能有效减弱外部因素的冲击，进而显著降低系统风险水平。毛新述和孟杰（2013）以 2008~2010 年沪市上市公司为研究样本，以涉诉次数和涉诉金额度量诉讼风险，发现内部控制越有效，公司涉诉次数和涉诉金额越低，面临的诉讼风险越低，内部控制要素中的内部监督和内部环境要素对诉讼风险的影响较其他要素更为显著。

4. 内部控制与企业环境保护

左锐等（2012）以紫金矿业重大环境污染事故为例进行了案例研

究，发现造成环境污染事故的主要原因是企业内部控制失效，建立并良好执行以风险为导向的内部控制制度有助于企业加强环境风险管理。

其他的内部控制对企业环境保护影响的研究仅限于环境信息披露方面。企业的环境信息披露代表了企业在履行环境保护方面的责任担当，使公众能够及时了解企业在环境保护方面的所做的工作，是企业应对环境风险的一种有效方式。李志斌（2014）以沪深两市2009~2011年制造业上市公司为研究对象，发现内部控制能够显著促进企业环境信息披露水平的提高，而且这种正向作用在市场化进程快的地区更强，重污染企业较非重污染企业更强。陈玲芳（2016）以2009~2013年我国A股上市公司为研究对象，也发现内部控制有助于提高企业环境信息披露水平，而管理层权力会减弱内部控制对环境信息披露水平的提升作用。常丽娟和靳小兰（2016）以我国沪市2009~2011年重污染行业上市公司为研究样本，发现内部控制有效性与环境信息披露水平正相关，上市公司所在地市场化程度越高，其对内部控制有效性与环境信息披露关系的促进程度越明显。

1.3.2　非效率投资管理制约机制研究

非效率投资治理机制的研究非常广泛，但包括股权结构、股利政策、企业负债等方面的治理，受企业客观条件影响较大，不属于企业从加强自身管理方面主动实施的管理制约机制，属于企业管理制约机制方面的研究主要包括提高会计信息质量与管理层激励。

1. 会计信息质量与非效率投资

比德尔等（Biddle et al.，2009）发现稳健的会计信息可以降低所有者与经营者之间的代理成本，从而缓解过度投资和投资不足问题。袁建国等（2009）发现会计信息质量与企业过度投资显著负相关，提高会计信息质量可以有效抑制企业的过度投资行为，而且在自由现金流量较多的上市公司中，会计信息质量与过度投资的负相关关系更强，提高会计信息质量能对该类企业的过度投资产生更大的治理效应。曾月明和付婷（2016）、韩静等（2016）均发现会计稳健性在非国有企业发挥了缓解过度投资行为的治理效应，但在地方国企和中央国企均不显著。李瑛和杨蕾（2014）发现会计稳健性能够抑制企业过度投资，但却加剧企业投资不足，国有企业中会计稳健性抑制过度投资的程度强于非国有企业，非国有企业中会计稳健性加剧投资不足的程度强于国有企业。田祥宇和阎逸夫（2017）发现会计稳健性降低了公司的非效率投资、过度投资和投资不足，而且会计稳健性对非效率投资的负向调节作用在高管过度自信程度高的样本组中更显著。

2. 管理层激励与非效率投资

詹森和墨菲（Jensen and Murphy，1990）认为股权激励作为趋同高管与股东利益的机制设计，使高管通过持有企业股权的形式分享企业的剩余索取权，形成了高管控制权与剩余索取权的对应，可以降低高管基于在职消费、"帝国构建"等自利目的的过度投资行为。徐倩（2014）发现股权激励制度有助于缓解由于环境不确定性所导致的代理冲突，抑制过度投资，也有助于降低企业管理者的风险厌恶程度，抑制投资不足。陈效东等（2016）发现高管人员股权激励制度与公司投资决策之间的关系受到公司制定股权激励计划动机的影响，激励型股权激励能够抑制公司非效率投资。翟淑萍等（2017）发现业绩预期压力的增大会加剧企业投资不足，而高管股权激励能够缓解业绩预期压力带来的投资不足。彭耿和廖凯诚（2016）发现股权激励能有效抑制企业的过度投资行为，但对企业投资不足现象不具有显著的抑制作用。杨慧辉等（2015）发现在国有控股上市公司实施股权激励可以抑制大股东和高管的过度投资行为，股权激励水平越高，抑制作用越强。张丽平和杨兴全（2012）发现对管理者的货币薪酬激励和股权激励对上市公司的过度投资行为均具有抑制作用。池国华和邹威（2014）发现基于 EVA 的管理层薪酬机制通过降低代理成本有效抑制了非效率投资。李春霞和叶瑶（2015）考察了经理激励对企业投资不足影响的作用机制，发现经理薪酬有助于降低公司的投资不足。田利辉和李春霞（2014）发现经理薪酬有助于减少公司的过度投资行为，而企业的产权性质影响着经理薪酬的治理效应。

3. 其他管理制约机制

向锐（2015）发现 CFO 进入董事会能够提高企业财务执行力，抑制上市公司过度投资,提高公司资源的配置效率。张先治和李琦(2012)发现EVA业绩评价体系的实施具有显著的治理效应,能够有效抑制中央国企的过度投资行为。刘凤委和李琦(2013)研究发现,EVA评价体系的实施可显著降低中央国企的过度投资,而且竞争度越高的行业EVA抑制过度投资的作用越明显。

1.3.3　内部控制对非效率投资影响研究

与以往借鉴国外的研究成果进行国内相关问题的研究不同,内部控制对非效率投资影响的研究始于国内2011年李万福等的研究。李万福等(2011)以2007~2008年沪深主板A股上市公司为研究样本,发现较低的内部控制质量会加剧过度投资和投资不足现象的发生。随后,一些相关研究开始出现,并得出了基本一致的结论。方红星和金玉娜(2013)以2007~2010年度A股主板上市公司为研究对象,发现内部控制能够有效抑制国有企业的投资不足和民营企业的过度投资。干胜道和胡明霞(2014)以2009~2011年度A股国有上市公司为研究对象,发现内部控制质量越高,企业的过度投资水平越低,但内部控制对企业过度投资的抑制作用在管理层权力集中的情况下并不显著。刘焱(2014)以2009~2012年沪深两市非金融类上市公司为样本,从企业发展的动态角度探讨了处于生命周期不同阶段的公司内部控制对过度投资的影响差异,研究结果表明,成长期公司内部控制对过度投资的抑制作用不显著,成熟期和衰退期公司内部控制对过度投资的抑制作用均显著。周传丽和余春芳(2015)以2010~2013年民营家族上市公司为研究样本,研究结果表明内部控制能有效抑制民营家族企业的非效率投资,且高管集权和家族人员担任高管会大大增强这种抑制作用。池国华等(2016)以2010~2013年国有控股上市公司为样本,发现内部控制对于过度投资和投资不足均有显著的治理作用。林钟高和陈曦(2016)以2007~2014年上市公司为研究对象,发现内部控制缺陷会加剧持有现金的过度投资行为,但缺陷修复后会缓解由于过多持有现金造成的过度投资。邢春玉等(2016)以2012~2014年民营上市公司为研究样本,发现内部控制有助于降低民营企业的信息不对称和缓解代理问题,进而抑制民营企业的过度投资。杨金和池国华(2016)以2011~2012年沪深 A 股主板上市公司为样本,发现内部控制能够有效缓解投资不足,但这一治理效应仅在低融资约束和倾向于债务融资约束的企业中显著,在高融资约束和倾向于股权融资约束的企业中不显著。池国华和王钰(2017)以 2012~2015 年沪深主板 A 股上市公司为样本,发现内部控制缺陷会导致企业投资不足加剧,其加剧程度与内部控制缺陷严重程度显著正相关。李伟和李艳鹤(2017)以 2011~2016 年沪市交通运输业上市公司为研究对象,发现自由现金流量短缺的公司倾向于发生投资不足行为,而高质量的内部控制能够抑制自由现金流量对投资不足的影响。周中胜等(2017)采用 2007~2013 年度上市公司的数据,研究发现高质量的内部控制能够促使管理层更好地把握投资机会,投资支出与投资机会的敏感性会得到提高,进一步企业的非效率投资,尤其是过度投资会得到改善。陈红等(2018)利用 2007~2013 年度沪深两市 A 股上市公司的数据,发现内部控制主要抑制企业的过度投资,而企业所处的制度环境(包括政府干预、法律环境、金融市场化程度等)较差时,内部控制对企业投资效率的促进作用会受到限制。

部分学者还进一步研究了不同产权性质企业内部控制对非效率投资的影响差异,但得出的结论并不一致。袁晓波(2013)利用沪市制造业上市公司 2008~2010 年的经验数据,研究发现内部控制质量与过度投资和投资不足均显著负相关,相对于非国有上市公司,国有上市公司内部控制质量与非效率投资之间的负相关性更强。孙慧和程柯(2013)以沪深两市 2009~2011 年非金融类上市公司为样本,研究发现内部控制质量的提高整体上可以显著改善国有上市公司的投资效率,相对于地方国有上市公司,中央国有上市公司的改善效果更为显著。王治等(2015)基于 2007~2012 年我国上市公司面板数据,研究结果表明,高质量内部控制能够显著降低企业现金流量过度投资与投资不足的非效率投资现象,并且民营企业内部控制抑制非效率投资的效果要好于国有企业,地方国企内部控制抑制非效率投资的效果要好于中央国企。周中胜等(2016)以 2008~2011 年深沪两市的所有 A 股上市公司作为研究样本,发现企业内部控制质量越高,投资支出与投资机会的敏感性越高,投资效率越高,相对于非国有控股上市公司,内部控制对这种敏感性的影响在国有控股上市公司中更为显著。

一些学者还在内部控制与非效率投资的研究中引入了影响非效率投

资的其他变量。廖义刚和邓贤琨（2016）实证分析了内部控制质量对环境不确定性与非效率投资两者关系的影响，发现高质量的内部控制有助于缓解环境不确定性给公司投资效率带来的负面影响，但此缓解效应仅在无政治联系的公司中显著存在。罗斌元（2017）发现投资者情绪与企业过度投资正相关，与投资不足负相关，高质量的内部控制不仅能够缓解投资者情绪与企业投资不足之间的负相关关系，也能缓解投资者情绪与企业过度投资之间的正相关关系，即内部控制能够抑制投资者情绪对企业投资效率的不利影响。张成（2014）发现我国上市公司的股利政策对投资决策具有一定的负面作用，而高质量的内部控制能够缓解股利政策对投资决策的负面作用，抑制损害公司的非效率投资决策的制定与实施。周晓苏等（2015）、许立志（2017）分别发现内部控制质量与会计稳健性、机构投资者异质性在抑制非效率投资上存在互补关系。左拙人和胡文卿（2017）发现上市公司良好的内部控制通过缓解上市公司内外部信息不对称，协助异质性股权更好地在抑制过度投资的同时缓解投资不足，从而实现对上市公司投资扭曲程度的降低和投资有效性的提升。

　　国外在内部控制对非效率投资影响方面的文献反而较少。程等（Cheng et al.，2013）以SOX法案实施后的美国上市公司为研究对象，发现存在内部控制缺陷的公司更容易出现过度投资和投资不足，即无效的内部控制对投资效率会产生显著的负面影响，而内部控制缺陷被股东和利益相关者关注后，非效率投资趋于消失。李（Lee，2015）研究了内部控制对韩国企业非效率投资的影响，发现存在内部控制缺陷的公司更容易导致过度投资，但与投资不足的关系不显著。

1.3.4　内部控制度量研究

　　内部控制涉及企业经营的方方面面，如何全面、准确地度量内部控制质量一直是内部控制研究领域的一个难题。长期以来，对内部控制的度量主要形成了以下几种方法。

1. 以是否存在内部控制缺陷度量

　　内部控制缺陷是内部控制系统存在的会影响内部控制目标实现的缺

点和不足。内部控制缺陷的存在以及缺陷的严重程度会直接影响企业内部控制的有效性,通过内部控制缺陷度量内部控制质量是国内外广泛采用的一种方法。

国外的研究几乎全部以是否存在内部控制缺陷作为内部控制质量的衡量标准,而是否存在内部控制缺陷的依据是企业公布的内部控制评价报告中是否披露了内部控制缺陷,这其中的主要原因是 SOX 法案具有较高的法律效力,并且规定了严格的惩罚条款,从而使得美国企业在 SOX 法案的要求下所对外披露的内部控制评价报告具有较高的质量,能够如实反映企业存在的内部控制缺陷。哈默斯利等(Hammersley et al.,2008)、贝尼什等(Beneish et al.,2008)、格和麦克维(Ge and McVay 2005)、道尔等(Doyle et al.,2007)、阿什巴夫—斯卡伊夫等(Ashbaugh-Skaife et al.,2008)、陈等(Chan et al.,2008)等都通过内部控制缺陷度量内部控制质量进行了相关研究。

我国的企业内部控制规范体系详细规定了内部控制重大缺陷、重要缺陷、一般缺陷的认定和审计标准,并规定如果注册会计师认为企业财务报告内部控制存在一项或多项重大缺陷的,应当对财务报告内部控制发表否定意见,这使得内部控制缺陷在我国也成为度量内部控制质量的重要指标。齐保垒等(2010)、叶建芳等(2012)、闫志刚(2012)、李万福等(2011)、林钟高和陈俊杰(2016)、方红星和金玉娜(2013)、林钟高和陈曦(2016)、池国华和王钰(2017)等都通过企业是否存在内部控制缺陷以及缺陷类型度量内部控制质量进行了相关研究,但他们对内部控制缺陷的认定并没有仅以内部控制自评报告披露的信息为依据,还辅以公司是否发生违规、审计师是否发表了财务报告及内部控制的非标准审计意见、审计委员会运作不灵等事项。

2. 以是否披露内部控制报告度量

2012 年之前,我国上市公司的内部控制自我评价报告和内部控制审计报告属于自愿披露,在这种情况下,根据信号传递理论,拥有高质量内部控制的上市公司更有动机向外界披露这两种报告,释放企业内部控制有效性的信息,内部控制自我评价报告和审计报告是否披露可以作为内部控制质量的衡量标准。尤其是内部控制审计报告,是外部注册会计师对企业内部控制的设计和运行做出的审计意见,能够在较大程度上反映出内部控制的真实情况，具有较高的认可度。方红星和金玉娜（2011）、袁晓波（2013）等以是否披露内部控制自评报告和审计报告度量了企业的内部控制质量。

3. 以内部控制要素的完善程度度量

内部控制具体通过内部环境、风险评估、控制活动、信息与沟通、内部监督五要素的合理设计和协调配合来发挥控制作用，五大要素的完善程度能够有效反映出内部控制质量的高低。钟玮和杨天化（2010）、杨松令等（2014）、宋常等（2014）、杨金和池国华（2016）等按照内部控制要素的完善程度设计了各自的内部控制指数并进行了相应研究。陈汉文教授主持的厦门大学内控指数课题组通过对内部环境、风险评估、控制活动、信息与沟通、内部监督等五个一级评价指标，24个二级指标，43个三级指标，144个四级指标的综合打分，再按权重加权平均计算得出了上市公司内部控制指数并对外公布，该指数采用百分制，分值越高表示内部控制越好。姚瑶等（2015）、董望和陈汉文（2011）、刘启亮等（2013）、干胜道和胡明霞（2014）、周中胜等（2016）等在各自的内部控制相关研究中使用了这一内部控制指数。

4. 以内部控制目标实现程度度量

以是否存在内部控制缺陷或要素完善程度对内部控制质量进行度量，主要基于企业对外披露的内部控制信息，可靠性较弱。内部控制的合规性、资产安全、财务报告、经营、战略五大目标的实现程度能从经济效果的角度反映出企业内部控制是否充分发挥了作用，而且主要基于企业的财务数据以及重大事项等信息，可靠性较高，也是度量内部控制质量的重要方法。池国华和杨金（2013）、周传丽和余春芳（2015）按照内部控制目标的实现程度设计了各自的内部控制指数并进行了相应的研究。

5. 综合方法度量

方红星和陈作华（2015）将企业内部控制目标的实现程度和内部控制信息的披露两者结合作为度量依据，利用公司的盈利信息、合规信息、财务报告重述信息、财务报告审计意见信息以及内部控制自评报告和审计报告信息等对内部控制质量进行了综合度量。左拙人和胡文卿（2017）以企业是否披露内部控制审计报告以及是否存在内部控制缺陷综合衡量了内部控制质量。

深圳迪博企业风险管理技术有限公司在财政部的资助下，参考国内外内部控制的相关评价标准与内部控制指数的研究成果，结合我国上市公司实施内部控制规范体系的现状，构建了国内首个反映中国上市公司风险管控能力与内部控制水平的指数——迪博内部控制指数。该指数以内部控制规范体系为制度基础，通过构建科学的计量模型量化内部控制质量，其支撑数据来源于公司的内部控制自我评价报告与审计报告、财务数据、公司治理数据、重要事项等，同时将内部控制缺陷作为修正变量对内部控制基本指数进行修正，实现了内部控制要素、目标、缺陷、财务数据和经济效果等的有机结合，突破了长久以来对内部控制评价的单一思维，全面、准确地评价了上市公司的内部控制质量。近年来，毛新述和孟杰（2013）、刘焱（2014）、邢春玉等（2016）、孙慧和程柯（2013）、廖义刚和邓贤琨（2016）、罗斌元（2017）、张成（2014）、周晓苏等（2015）、许立志（2017）等大量学者使用迪博内部控制指数进行了相关研究，该指数在国内关于内部控制的实证研究中已得到了广泛认可。

1.3.5　环保压力与企业经济行为研究

随着中国经济的快速发展，环境污染问题日益突出，我国政府不断加强环境规制水平，日益严峻的环保压力驱使企业尤其是重污染企业不得不重视对环保责任的履行，包括进行技术创新、加大环保投资、加强对外环境信息披露等方面。

许卫华和王锋正（2015）发现环境规制水平对我国资源型企业技术开发能力有显著的正向影响。周晓利（2016）研究发现合理的环境规制能够激发我国大中型企业的技术创新。刘萍萍（2016）认为污染治理的成本压力是企业进行技术创新的主要驱动因素，并通过实证研究发现环境规制驱动了重污染行业企业的技术创新，表现为引入新技术和新的生产流程。赵晓丽等（2015）以我国钢铁和电力企业为研究对象，发现环境管制能够促进企业的技术进步，而行政性环境管制对企业技进步的影响大于市场导向性环境管制。娄昌龙和冉茂盛（2016）利用重污染行业上市公司的经验证据，发现外生环境规制对企业技术创新的影响不显著，而内生环境规制对企业技术创新具有正向促进作用。李廉水和徐瑞（2016）发现环境规制对制造业技术创新的影响存在行业异质性，环境规制有利于污染密集型行业技术创新，但对清洁生产型行业技术创新的促进作用不显著。童伟伟和张建民（2012）发现我国的环境规制显著促进了制造业企业的研发投入，但这一促进效应主要存在于东部地区，在中西部地区环境规制对企业研发投入并无显著作用。于金和李楠（2016）以沪深A股上市的重污染行业的公司为研究对象，发现环境规制对技术创新有显著的促进作用，但是这种促进作用在非东部地区企业以及国有企业中并不明显。王书斌和徐盈之（2015）发现环境规制能促进企业加强绿色技术的研发与应用，并加大对现有技术的绿色改造。

李强和田双双（2016）以重污染行业上市公司为样本，发现企业环保投资与环境规制呈倒"U"型关系，随着环境规制强度增加，企业环保投资先上升后下降，而且市场竞争程度越高，环境规制对企业环保投资的作用越大。张济建等（2016）基于A股重污染行业上市公司的经验数据，发现严格的政府环境规制推动了企业的绿色投资，与非国有企业相比，国有企业通常更主动遵守环境规制的要求，投入更多的绿色资金。唐国平等（2013）发现我国上市公司普遍存在环保投资不足的现象，重污染企业比非重污染企业投入了更多的环保资金，政府环境管制强度与企业环保投资之间呈"U"型关系，企业环保投资行为更多地体现出"被动"迎合政府环境管制要求的特征。任月君和张凯华（2016）选取重污染行业中的钢铁、化工、石化、冶金以及造纸行业上市公司，发现政府监管压力、舆论监督压力以及企业社会声誉压力，能够促进企业积极履行环保责任，增加环境成本投入。

陈小林等（2010）发现来自政府、银行债权人和社会公众等利益相关者的压力越大，公司环保信息披露的质量越高。张秀敏等（2016）以沪深A股重污染行业为研究对象，发现政府监管压力和市场压力能够显著促进企业环境信息披露水平。李强和冯波（2015）以沪市重污染行业上市公司为样本，研究结果表明环境规制对企业环境信息披露质量的影响存在"区间效应"，环境规制与国有企业环境信息披露质量呈

"U"型关系，与民营企业环境信息披露质量呈倒"U"型关系。王霞等（2013）发现来自环保部门、政府的公共压力或政治成本，以及企业品牌声誉的内在激励，显著地影响制造业上市公司选择披露环境信息的概率和水平。任月君和郝泽露（2015）通过对化工和造纸等重污染行业上市公司环境信息披露情况进行研究，发现制度、舆论与社会声誉方面的环保压力与环境信息披露质量正相关。

另外，部分学者还就环保压力对企业其他方面的影响进行了研究。颉茂华等（2016）以沪深 A 股上市的重污染行业企业为样本，实证检验了环境规制对企业转型模式的影响，研究结果表明，环境规制对企业的行业内转型和扩张型转型都有促进作用。刘运国和刘梦宁（2015）分析了 2011 年底 "PM2.5 爆表" 这一具有 "自然实验性质" 的外生事件对企业盈余管理的影响，发现该事件后国家加强了对大气重污染企业的规制力度，相比于非重污染企业，重污染企业进行了显著向下的盈余管理，由于政治成本的存在，该结论在小规模企业和非国有企业的子样本中体现得尤为明显。曾月明和刘佳佳（2016）也验证了重污染企业与非重污染企业相比，在 "PM2.5 爆表" 事件后进行了显著向下的盈余管理。盛明泉等（2017）则发现 "PM2.5 爆表" 事件对重污染企业融资能力具有负向净效应，而且该负向效应在非国有实验组企业更为显著，国有实验组所受影响则相对较小。许松涛和肖序（2011）分析了环境规制对重污染行业投资效率的影响，发现环境规制从整体上降低了重污染行业的投资效率，尤其对非国有企业投资效率的负面影响非常显著。王书斌和徐盈之（2015）研究发现环境规制能敦促企业关闭高污染产能，增加类金融投资，增加创新投资，实现雾霾脱钩。

1.3.6 研究现状述评

无论是企业绩效、企业会计信息质量，还是企业风险，均为企业筹资、投资以及日常生产经营活动的最终结果，因此内部控制在这些方面的经济后果的研究属于避开过程而直接追寻结果的研究，即便得出积极的结论，也较难提出在企业某一方面具体而有针对性的对策建议。本书的研究瞄准企业承上启下的投资活动，属于内部控制对企业具体行为的影响研究，是对内部控制经济后果研究的重要补充，再加上投资活动对企业的突出作用，并且直接影响企业绩效和风险水平，与企业会计信息质量密切相关，也必然成为内部控制经济后果研究中的一颗明珠。

近年来，随着我国内部控制规范体系的深入实施，内部控制对非效率投资治理的研究在确定出研究的基本框架之后，已呈现出研究细分的趋势，包括产权性质、管理层权力强弱、企业发展的不同时期等方面的横向与纵向的细分，使该问题的研究日益完善和丰富。未来该问题的研究必然继续围绕影响企业的内外部治理因素进一步展开，为提高企业投资效率、促进我国经济发展提供更具指导意义的经验数据和政策支持。另外，该问题还少有按企业所处行业进行细分的研究，尤其是对当前环境保护具有重要意义的针对重污染与非重污染行业企业的研究尚未出现，另外也未有研究对内部控制抑制非效率投资提出详细的政策建议，本书的研究将填补这些空白。

随着我国生态文明建设的深入以及环境保护力度的加强，企业在面对巨大的外部环保压力下的经济后果研究必将成为未来的研究热点，不仅涉及目前研究较多的与企业环境行为直接相关的环境信息披露、环保投资、技术创新等经济后果，还必然会深入到对企业融资、投资等一般经济行为的影响，以及通过影响诸如内部控制等企业治理机制，即以内部控制等作为中介变量对企业经济行为的影响，本书的研究就是对此的有效尝试。

1.4 研究思路与内容

本书以"提出问题—分析问题—实证检验—对策建议"为主要研究思路，在汇总前人相关研究成果、总结非效率投资的内涵并分析非效率投资产生的动因、阐述内部控制的制度背景并分析内部控制对非效率投资的治理机理的基础上，逐层检验内部控制对非效率投资的治理效应、不同产权性质企业内部控制对非效率投资治理效应的差异、不同环保压力下的重污染与非重污染企业内部控制对非效率投资治理效应的差异，最后得出研究结论并提出对策建议。

第1章　绪　　论

本书梳理的相关文献包括内部控制的经济后果研究、非效率投资管理制约机制研究、内部控制对非效率投资影响研究、内部控制质量的度量研究、环保压力与企业经济行为研究；非效率投资的内涵包括对投资与非效率投资的概念界定，对非效率投资的相关基本理论以及度量方法的总结；内部控制的制度背景包括对内部控制历史演进的总结和对我国内部控制规范体系的具体介绍。在此基础上，本书主要研究的内容如下。

1. 非效率投资的动因分析

从委托代理问题、信息不对称和管理者过度自信三个角度分析产生非效率投资的深层次原因。其中，委托代理角度的分析，从股东与管理者代理冲突、大股东与中小股东代理冲突、股东与债权人代理冲突三个方面展开，信息不对称角度的分析从逆向选择和道德风险两个方面展开，既有前人成熟的理论的借鉴，又有新时期出现的新情况，完整呈现过度投资与投资不足产生的原因。

2. 内部控制对非效率投资作用机理分析

首先，从内部控制的特征角度提出了内部控制特征与企业投资控制的契合，其次，从内部控制的目标角度提出了内部控制目标与非效率投资的不相容性，然后，从内部控制的五大要素出发分析内部控制缓解代理冲突、信息不对称以及约束管理者过度自信从而抑制非效率投资的作用机理。其中，控制环境、风险评估、控制活动主要对代理冲突和管理者过度自信起作用，而信息与沟通主要对企业内外部的信息不对称和管理者过度自信起作用，内部监督保证以上四要素的高质量运行，从而保证内部控制对非效率投资的治理效果，进而全面分析出内部控制抑制非效率投资的作用机理。

3. 内部控制对上市公司非效率投资影响实证研究

2009年《企业内部控制基本规范》的正式实施，拉开了我国内部控制制度化，以及强制实施和披露的序幕。本书以迪博中国上市公司内部控制指数作为内部控制质量的衡量标准，以理查森（Richardson，2006）模型衡量企业非效率投资，建立多元回归模型，选取2009~

2017年度中国沪深两市A股主板上市公司的数据为研究样本，实证检验内部控制对非效率投资的影响、内部控制对自由现金流非效率投资的影响，从而证明内部控制对非效率投资的治理效应，提出基于企业与监管部门加强内部控制建设与内部控制监管的对策建议。

4. 内部控制对不同产权性质上市公司非效率投资影响差异研究

引入产权视角，根据产权性质将上市公司划分为中央国有上市公司、地方国有上市公司和民营上市公司。不同产权性质的上市公司所面对的委托代理问题与信息不对称各有各的特点，内部控制实施的内外部环境也不一致，产权性质对内部控制与非效率投资的关系必然会产生一定的影响。本书在理论分析的基础上运用上市公司数据实证检验产权性质的差异所导致的内部控制对非效率投资影响的差异、不同产权性质上市公司内部控制对自由现金流非效率投资影响的差异，并提出基于产权性质的相应对策建议。

5. 内部控制对不同环保压力上市公司非效率投资影响差异研究

在环保大环境下，重污染企业作为环境规制的主要对象，较非重污染企业承受更大的环保压力，而重污染企业过度投资无益于企业价值增长的同时还会加重环境污染，内部控制对重污染企业过度投资的抑制作用相对非重污染企业应更强；重污染企业在面对环保压力下，存在维持投资不足的倾向，重污染企业内部控制对过度投资的抑制作用较投资不足应更强，内部控制对重污染企业投资不足的抑制作用较非重污染企业应更弱。本书运用上市公司数据实证检验内部控制对重污染与非重污染企业过度投资与投资不足影响的差异，并进一步区分产权性质，检验不同产权性质重污染与非重污染企业内部控制对过度投资与投资不足影响的差异，提出基于环保视角的企业与监管部门相应的对策建议。

1.5 研究方法与技术路线

本书采用规范研究与实证研究相结合、定性分析与定量分析相结合的研究方法对相关问题进行综合研究。根据内容的不同，分别采用以下具体方法。

1. 文献研究法

对内部控制、非效率投资、环境规制与环保压力等方面的相关文献进行查阅、搜集、分析和综合，梳理研究脉络，查找研究不足，为本书的研究提供内容借鉴和理论起点。

2. 归纳法

归纳总结内部控制与非效率投资的概念框架，厘清两者的具体内涵、理论基础、度量方法、历史演进等相关要素，为规范分析与实证研究准备内容基础。

3. 逻辑演绎

对非效率投资的动因以及内部控制治理非效率投资的作用机理进行细致的逻辑演绎，多角度分析出企业过度投资与投资不足的驱动因素，全方位阐释内部控制治理过度投资与投资不足的作用机理，构建实证研究的理论分析框架。

4. 描述性统计

对我国上市公司的内部控制和非效率投资现状进行描述性统计分析，并进行不同产权性质、不同行业属性、不同年度等多方面对比统计分析。

5. 回归分析

采用多元回归模型实证检验内部控制对非效率投资的影响，并进行全样本、不同产权性质企业、重污染与非重污染企业的分组回归检验，以及非效率投资驱动因素治理检验等。

以研究思路为主线，将各种研究方法运用到相关部分的研究中。本书的技术路线如图 1-1 所示。

内部控制对企业非效率投资影响研究

研究思路 | **研究内容** | **研究方法**

- 问题提出
  - 研究背景
  - 研究意义
  - 第1章 绪论
    - 研究现状综述
  - 研究思路与内容
  - 研究方法与技术路线

- 文献综述述评（文献研究法）
  - 内部控制经济后果
  - 内部控制度量
  - 内部控制对非效率投资影响
  - 研究现状评述
  - 非效率投资管理制约机制
  - 环保压力与企业经济行为

- 理论分析（归纳与逻辑演绎法）
  - 第2章 非效率投资的内涵与动因
    - 非效率投资的内涵
    - 非效率投资的动因
    - 委托代理与非效率投资
    - 信息不对称与非效率投资
    - 管理者过度自信与非效率投资
  - 第3章 内部控制的制度背景与对非效率投资的治理分析
    - 内部控制的制度背景
    - 内部控制对非效率投资的治理机理
    - 内部控制目标角度的分析
    - 内部控制特征角度的分析
    - 内部控制要素角度的分析

- 实证研究（描述统计与回归分析）
  - 第4章 内部控制对企业非效率投资影响实证研究
  - 第5章 内部控制对不同产权性质企业非效率投资影响差异研究
  - 第6章 内部控制对不同环保压力企业非效率投资影响差异研究
  - 研究假设
  - 模型构建
  - 描述性分析
  - 回归分析
  - 稳健性检验

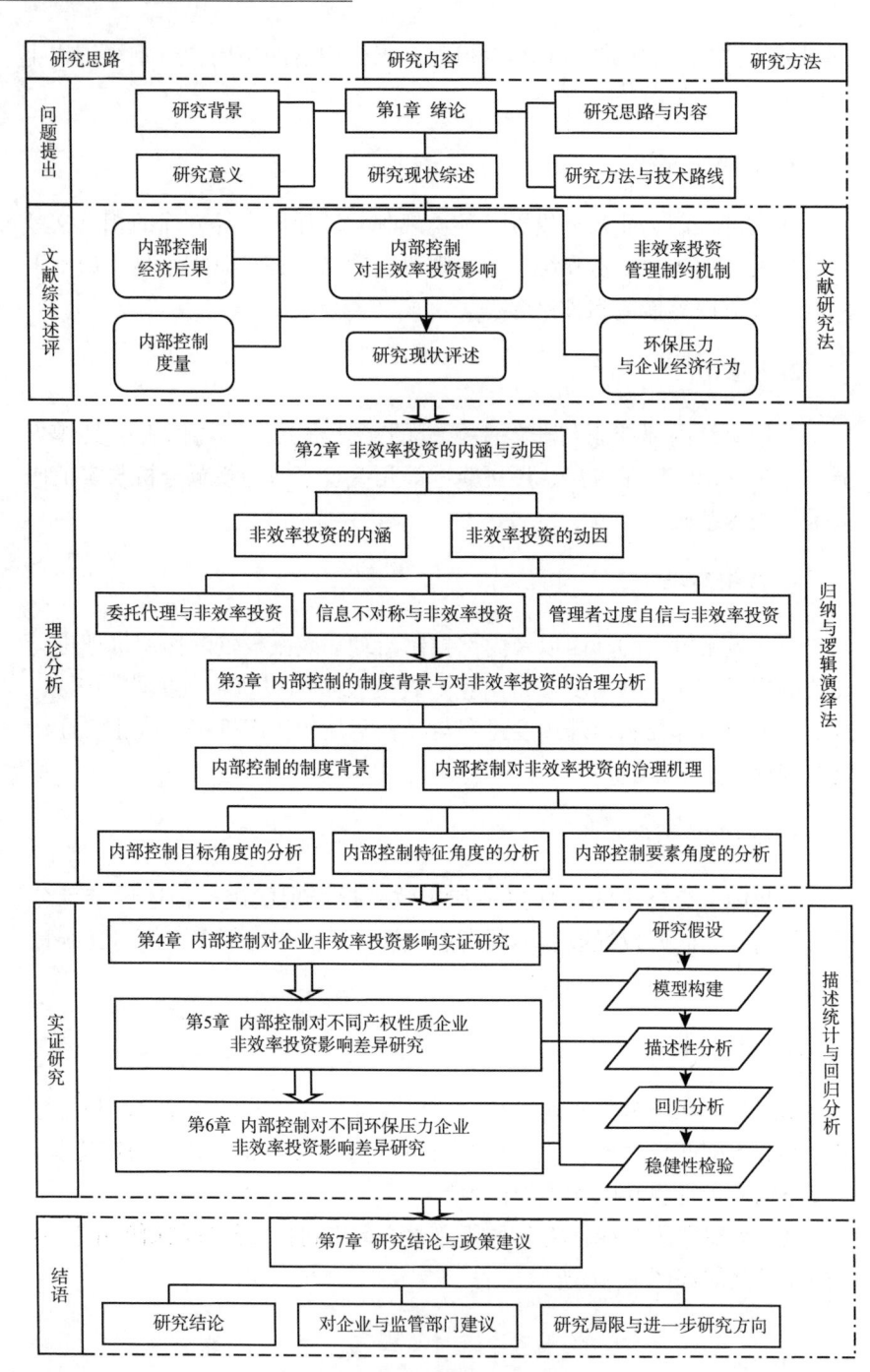

- 结语
  - 第7章 研究结论与政策建议
    - 研究结论
    - 对企业与监管部门建议
    - 研究局限与进一步研究方向

图 1-1 研究技术路线

1.6 本书创新点

本书的主要创新点如下：

（1）从内部控制的特征、目标、要素三个方面系统、全面地分析了内部控制抑制非效率投资的作用机理，构建了治理的逻辑体系。

（2）理论分析并实证检验了不同环保压力下的重污染与非重污染企业内部控制对非效率投资的影响差异。环境保护是近年来国家的头等大事，本书将内部控制对企业非效率投资的影响与环境保护相结合，理论分析并实证检验了不同环保压力下的重污染与非重污染企业内部控制对非效率投资的影响差异。研究结果表明，与非重污染企业相比，内部控制对重污染企业过度投资的抑制作用更强，对投资不足的抑制作用更弱，而且这种作用在民营重污染与非重污染企业中表现最为明显，从而验证了内部控制对环境保护的促进作用，既拓展了内部控制的作用边界，又为监管部门从微观重污染企业的角度探索到一条减轻环境污染的有效途径。

（3）理论分析并实证检验了三类不同产权性质企业内部控制对非效率投资的影响差异。以往的研究中基本上都是将企业按产权性质分为国有与非国有两类进行分析，但当前我国的中央国有企业和地方国有企业在政策实施和政府监管等方面也存在很大差异，这些差异都能反映到内部控制对非效率投资的影响上。本书将上市公司按产权性质划分为中央国有企业、地方国有企业和民营企业三类，理论分析并实证检验了不同产权性质企业面临内外部环境差异所导致的内部控制对非效率投资的影响差异，弥补了以往研究中的不足。研究结果表明，内部控制对三类企业非效率投资整体水平、过度投资、投资不足三个方面均显示出差异，从而增加了研究维度，提出的对策建议针对性更强。

（4）进行内部控制对自由现金流过度投资和投资不足影响的实证检验。自由现金流是过度投资的直接原因，而自由现金流缺乏也会加重投资不足，因此，自由现金流是研究内部控制对非效率投资影响的一个重要的中介变量。在内部控制对非效率投资影响的实证研究中，融入了内部控制对自由现金流滥用所导致的过度投资和与自由现金流缺乏相关的投资不足影响的实证检验。研究结果表明，内部控制在某些类型的企业中能够抑制自由现金流滥用所导致的过度投资和与自由现金流缺乏相关的投资不足，从而寻找出内部控制抑制非效率投资的直接路径，并从现金流管理角度提出内部控制治理非效率投资的相应对策建议。

第2章 非效率投资的内涵与动因

本章在界定投资与非效率投资的概念、阐述经典的非效率投资的基础理论,并总结非效率投资度量方法的基础上,以委托代理理论、信息不对称理论、管理者过度自信理论为研究基础,深入分析三类代理冲突、两类信息不对称和管理者过度自信如何导致企业过度投资和投资不足的发生。

2.1 非效率投资的内涵

2.1.1 投资的定义

会计学中对投资的定义较好地揭示了投资的经济实质:投资是企业为了在未来期间获得预期的收益而向特定的领域投入资本的经济行为,亦即投入一项资产而换取的可以获取期望收益的另一项资产。投资按照对象可划分为金融资产投资和实物资产投资两类。

金融资产投资是企业为谋求分配而购买其他企业发行的股票、债券和基金等有价证券,通过收取股利、利息等形式获得收益。金融资产投资有长期和短中期之分,长期金融资产投资主要指能对被投资企业实施控制、共同控制或重大影响的长期股权投资,短中期金融投资包括持有时间相对较短的股票、债券等形式的投资[①]。

实物资产投资有广义和狭义之分,狭义的实物资产投资是指企业购

---

① 中华人民共和国财政部:《企业会计准则》,经济科学出版社2006年版,第11~12、96~97页。

建固定资产、无形资产等非流动资产的投资，以扩大再生产为目的。而广义的实物资产投资还包括对存货等流动资产的投资。实务资产投资通过企业自身的经营活动获取收益。

短中期金融资产投资的主要目的是利用闲置资金在较短的时间内获取相应的投资收益，或者说很大程度上是出于不浪费闲置资金的考虑；存货等流动性实物资产投资的主要用途是维持企业日常生产经营活动的正常运行。这两者均不属于为企业扩大生产规模、提高生产能力所进行的投资，不能为企业带来长期的现金流入。因此，本书所研究的投资指的是长期金融资产投资和非流动实物资产投资，不包括短中期金融资产投资和流动性实物资产投资。

2.1.2 非效率投资的概念界定

1. 财务管理角度的概念界定

财务管理的目标是实现企业价值最大化，投资活动作为财务管理三大对象之一，当然应以是否能够有效利用资源从而实现企业价值最大化作为决策的根本准则。目前公认的企业价值最准确的估计方法是未来净现金流量的现值（NPV），因此，只要企业投资项目的 NPV 大于零，就能为增加企业价值做出贡献，NPV 是否大于零是一项投资是否有效率的判断标准，NPV 大于零的投资便是有效率的投资。

然而在现实中，由于委托代理冲突、信息不对称等不利因素的存在，企业在投资决策时可能接受了 NPV 小于零的投资项目或放弃了本可能投资的 NPV 大于零的投资项目，就产生了非效率投资问题。这样，从财务管理角度对非效率投资的概念可进行如下界定：非效率投资包括过度投资与投资不足，过度投资是指企业接受了 NPV 小于零的投资项目，投资不足是指企业有闲置资源却放弃了 NPV 大于零的投资项目，或者由于融资约束不得不放弃 NPV 大于零的投资项目。无论是投资过度还是投资不足，都造成了生产要素的浪费，偏离了资源的最优配置水平，无益于企业价值最大化目标的实现。

2. 经济学角度的概念界定

基于经济学的视角，企业投资投入的是资金、人力、物力等资源，产出的是未来若干期的现金流入，投资效率就是企业对资金、人力和物力等有效利用的情况。从企业整体的投资水平进行分析，根据企业日常经营与未来发展状况，每个企业都有一个预期的最优投资水平，该投资水平与企业规模、上市年龄、资产负债率、盈利状况、发展速度以及未来战略规划等因素相对应，可以充分利用企业的各项经济资源，保证企业在最佳的状态下运行和发展，与实现企业价值最大化的目标相匹配。而如果企业的实际投资偏离了这一预期最优投资水平，就说明企业的投资有一部分是非效率的，企业实际投资水平超过最优投资水平被称为过度投资，低于最优投资水平被称为投资不足。

2.1.3 非效率投资相关基础理论

1. 凯恩斯（Keynes）投资边际效率理论

凯恩斯（Keynes，1936）在《就业、利息和货币通论》一书中提出了资本边际效率的概念。资本边际效率是一项投资在投资期限内各期净现金流量的现值等于投资成本的贴现率，也被称为内含收益率。企业投资决策可通过比较资本边际效率与实际利率的大小进行，如果一项投资的资本边际效率低于实际利率，则该项投资预期净现金流量的现值小于投资成本，该项投资不可行；如果一项投资的资本边际效率高于实际利率，则该项投资的预期净现金流量的现值大于投资成本，该项投资会增加企业价值，是可行的。在投资的资本边际效率既定的情况下，投资与否及社会投资总量的大小就取决于实际利率的高低，投资支出与实际利率是呈反方向变动的。

2. MM 理想投资理论

莫迪利安尼和米勒（Modigliani and Miller，1958）认为，企业的价值取决于投资决策，而投资决策的判断标准为投资项目的净现值是否为正，在没有破产成本和交易成本、没有税收以及信息完全对称的世界里，只要存在净现值为正的投资机会，企业无论采用何种资金筹集方式（如发行股票、债券等），都能够以合理的成本筹集到投资所需的资金，直至投资的边际收益与资金成本相等时，企业价值达到最大，这意味着企业价值与资本结构和融资决策没有关系，这就是著名的 MM 定理。

MM 理想投资理论标志着现代公司财务管理理论的诞生，但 MM 定理规定了严格的假设条件，虽然保证了理论证明的严密性，但却与现实情况难以相符，后续的研究以此为基础，陆续纳入了企业所得税、破产、信息不对称等因素，使得投资理论的研究不断扩展。

3. 乔根森（Jorgenson）最优资本存量理论

乔根森（Jorgenson）认为企业存在"最优资本存量"，一个企业进行投资决策首先需要确定"最优资本存量"，然后再决定何时、采用何种方式来调整当前的实际资本存量，使之达到最优水平，企业投资就是向"最优资本存量"调整的过程。

乔根森（Jorgenson，1963；1971）将生产函数引入到企业的投资理论中。当市场上的产品价格高于产品的平均成本时，不仅会有新的企业进入到这一行业，现有企业也将增加投资用以扩大再生产。由于总生产规模的扩大，市场上产品的供给量会增加，市场竞争加剧，从而使产品价格下降到新的均衡水平，直到产品价格低于产品的平均成本时，企业将停止生产甚至退出该行业，投资也就终止了。因此，这一理论认为企业投资取决于产品的价格水平和市场供给量，产品的市场价格越高，市场供给量越紧张，企业的投资水平就越高，而随着市场均衡价格的不断下降，企业投资水平就会做出相应的调整，当企业资本的边际产品价值等于资本的实际成本时，企业的资本存量达到均衡水平，也就是"最优资本存量"。

概括地说，企业的最优资本存量就是由资本的边际产出等于边际成本来决定的，当已知企业当期的最优资本存量时，企业的最佳投资量就是最优资本存量与现有资本存量之间的差额，企业的投资行为就是从现有投资水平向最优资本存量调整的过程。

4. 托宾 Q（Tobin Q）投资行为理论

托宾（Tobin，1969）认为资本存量是跟随投资自动形成的，不是一个需要事先确定"最优"的事项，在投资决策问题上"行为"更为重要，当管理者进行投资决策时，并没有所谓的"最优资本存量"的概念，他们只关心特定时期内最优的投资数量是多少，最优投资只与

"最优行为"有关,忽略投资是向最优资本存量的"调整"。

托宾 Q 理论认为是否能够提升企业的市场价值是评价投资项目的主要依据,只有能使企业所发行股票的市场价值提高的投资项目才应该被采纳。Q 值是企业的市场价值与现有资产的重置成本的比值。

企业的投资与 Q 值的关系可用式(2-1)表示:

$$\Delta K/K = \Phi(Q-1) + g \qquad (2-1)$$

其中,K 表示企业现有的资本存量,$\Delta K/K$ 表示资本的增长率,g 表示投资的自然增长率,$\Phi(x)$ 是单调的增函数。

当 Q>1 时,资产的重置成本低于其市场价值,企业能够通过发行较少的股份而购买到较多的投资品,购买新厂房等固定资产对企业是有利的,投资也将进一步增加企业的市场价值。

当 Q<1 时,资产的市场价值低于其重置成本,企业不应发行股份增加投资,企业如果此时进行投资就属于过度投资行为。

当 Q=1 时,企业资本和投资成本达到动态平衡。

托宾从市场价值的角度提出了投资效率的评价法则,而托宾 Q 也被认为是衡量投资机会的合理变量。

2.1.4 非效率投资的度量

如何准确的度量企业的非效率投资至今还没有统一的度量方法和指标。根据前人的研究成果,常用的度量模型主要有三个,分别是法扎里、哈伯德和彼得森(Fazzari, Hubbard and Petersen, 1988)提出的投资—现金流敏感性模型,沃格特(Vogt, 1994)提出的现金流与投资机会交乘项模型,理查森(Richardson, 2006)提出的非效率投资残差模型。另外,比德尔等(Biddle et al., 2009)设计的非效率投资度量方法也得到了较广泛的应用。

1. 投资—现金流敏感性模型——FHP 模型

FHP 模型以投资支出与现金流的敏感性来度量公司面临的融资约束。该模型认为,由于信息不对称等因素的存在,企业的外部融资成本高于内部融资成本,在进行投资决策时,若企业面临的外部融资约束过大,会更加依赖于内部的现金流,此时投资支出与现金流间的敏感性系数较大,且显著为正。在控制了投资机会的影响后,模型实证结果也表明,外部融资约束严重的企业具有较高的投资—现金流敏感性系数,而较高的投资—现金流敏感性系数也就在一定程度上说明非效率投资的存在。FHP 模型表达式为:

$$(I/K)_{i,t} = f(X/K)_{i,t} + g(CF/K)_{i,t} + \varepsilon \quad (2-2)$$

其中 I/K 代表企业投资,f(X/K)代表企业的投资机会,CF/K 代表企业内部的现金流,CF/K 的系数 g 即为投资—现金流敏感性系数。

FHP 模型被普遍认为是能较好地理解非效率投资产生机理的方法之一。但是 FHP 模型无法区分投资—现金流敏感性是由过度投资还是投资不足引起的,只能辨别出企业非效率投资行为是否存在,也无法直接测量非效率投资的程度。此外,该模型没有考虑其他因素对投资—现金流敏感性产生的影响,只考虑了融资约束对投资—现金流敏感性的影响。

2. 现金流与投资机会交乘项模型——沃格特模型

沃格特(Vogt,1994)对 FHP 模型进行了改进,构建了一个包含现金流、投资机会及两者交乘项在内的计量模型,并提出了通过该模型区分过度投资和投资不足的方法。当企业存在委托代理问题引发的过度投资时,投资机会与现金流交乘项的系数为负,当存在信息不对称下的融资约束引发的投资不足时,两者交乘项的系数为正。Vogt 模型表达式为:

$$(I/K)_{i,t} = \alpha_0 + \alpha_1 Q_{i,t} + \alpha_2 (CF/K)_{i,t} + \alpha_3 Q_{i,t} \times (CF/K)_{i,t} + \varepsilon_{i,t} \quad (2-3)$$

其中 I/K 代表企业投资,Q 代表企业的投资机会,CF/K 代表企业内部的现金流,用 Q 和 CF/K 交乘项的系数 α_3 判断投资—现金流敏感性的原因。

沃格特模型只能通过现金流与投资机会交乘项系数的符号判断出样本公司是否存在非效率投资行为以及非效率投资的类型,仍然不能衡量出非效率投资的实际水平。

3. 非效率投资残差模型——理查森模型

理查森(Richardson,2006)将企业的总投资分为维持性投资(维持企业当前运行所需的投资)和新增投资(新建项目的投资),新增投资又分为预期最优投资水平的投资和非效率投资（如图 2-1 所示），显然，理查森定义的投资属于广义的投资，包括了存货等流动资产的投资。

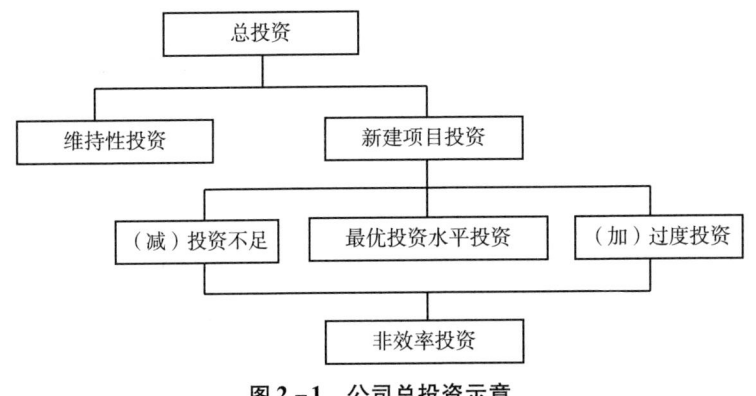

图 2-1　公司总投资示意

为了计算出企业某一年度的非效率投资水平，理查森构建了最优投资水平模型。最优投资水平的解释变量包括投资机会、上一年度投资额、公司规模、资产负债率、现金持有量、上市年限、收益率以及年度与行业虚拟变量，该模型的回归残差反映了企业实际投资水平与最优投资水平之间的偏差，若回归残差大于零，表明企业存在过度投资，回归残差小于零，表明企业存在投资不足。

理查森模型不但能够辨别企业非效率投资的类型，而且能够直接量化过度投资与投资不足的水平，为非效率投资的度量提供了新的思路。到目前为止，理查森模型是最能直接而准确地反映企业的投资效率状况的计量模型，被国内外学者普遍借鉴使用。近年来国内研究内部控制对非效率投资影响的几乎所有文献中，都是使用理查森模型度量非效率投资。

4. 比德尔（2009）非效率投资度量方法

比德尔等（Biddle et al.，2009）提出了两种度量公司投资效率的方法：一是无条件测试度量方法，二是基于公司流动性的度量方法。

无条件测试度量非效率投资主要包括以下步骤：（1）设定投资为企业成长机会（用营业收入增长率表示）的函数设计模型，然后分行业和年度对模型进行回归，估计企业的预期最优投资水平，而模型的回归残差表示企业投资偏离预期最优投资水平的程度。（2）将样本按残差从小到大的顺序等分为四组，设定第一组为投资不足组、第四组为过度投资组，其余两组为适度投资组，并分别赋予各组样本相应的数值（投资不足组为1、适度投资组为2、过度投资组为3），然后就用所赋予的值作为非效率投资的替代值。该方法与理查森模型有较大的相似之处，区别是模型中没有设置除成长机会以外的其他解释变量，也没有将全部残差都当作过度投资和投资不足，而是考虑了企业的适度投资情况，认为处于零附近的残差受模型的偏误影响较大，将这些样本视为适度投资。

基于企业流动性方法度量非效率投资的核心思想是：企业的流动性特征在投资决策中起着至关重要的作用，可以借助企业的流动性指标来对非效率投资进行合理的估计。比德尔选用了资产负债率（LEV）和现金持有水平（Cash）两个指标来衡量企业的流动性，具体做法是：首先将样本分别按 LEV 和 Cash 进行 10 等分排序，然后用 LEV 和 Cash 排序值之和的平均数除以 10 的值来表示企业非效率投资的估计值，该值越大表示越容易出现过度投资，反之，则越容易出现投资不足。

比德尔模型在国内外得到了较广泛的应用，包括陈等（Chen et al., 2011）、戈马里斯和巴列斯塔（Gomariz and Ballesta, 2014）、申慧慧等（2012）、张会丽和陆正飞（2012）等，但在国内的应用度较理查森（2006）模型要少，专门研究内部控制与非效率投资的文献只见李万福等（2011）使用了流动性与无条件测试法度量了非效率投资，这其中的主要原因应该还是理查森（2006）模型能够为每一样本企业非效率投资的具体水平赋值，与比德尔选用替代变量以及分组简单赋值相比，得出的研究结论更有说服力。

2.2 委托代理与非效率投资

2.2.1 委托代理理论概述

委托代理关系是一个或多个行为主体根据一种明示或隐含的契约，

指定、雇用另一些行为主体为其服务，同时授予后者一定的决策权力的契约关系。主动缔约的一方即授权者是委托人，受邀缔约的一方即被授权者是代理人。

在理性经济人假设条件下，委托人和代理人都是个人效用最大化者，双方的目标效用函数不同，利益不完全一致。委托人作为契约关系的主动缔约方，以自身的效用函数为依据进行决策，为实现自身利益最大化的目标，会尽可能的要求在保证收入增加的同时减少费用和成本，而代理人同样会以自身的效用函数为主来考虑问题，会尽可能的要求增加回报的同时减少付出。这样，代理人不一定总是以委托人利益最大化为行动原则，可能为追求个人私利最大化而损害委托人的利益，这样就产生了代理冲突。

针对委托代理双方的代理冲突，委托人需要设计一套合理的契约以保证自身利益不会受到损害。合理的契约应充分将权力下放给代理人，限制委托人对企业在管理和运营上的具体参与，而且为促使代理人能够按照委托人的利益要求进行决策，还需要建立相应的约束和激励机制。但是，完全合理的契约在现实的经济活动中是不可能存在的。契约之所以具有不完备性，首先是因为未来的不确定性，随着企业经济活动的不断发展变化，委托人无法全面预测未来会出现的各种可能的状况，即便当前制定的契约较为完备，在未来并也不一定是适用的；其次是因为契约制定的复杂性，会受到多种可控与不可控因素的影响，委托人不可能将所有的影响因素都考虑在内，即便可以将所有的影响因素都纳入契约之中，也需要付出难以承受的高昂成本。因此，委托代理双方的契约只能做到尽可能的合理，尽量减少委托代理双方的利益冲突，引导代理人按照委托人利益最大化的目标行动。委托代理理论的核心问题就是研究在委托人和代理人存在利益冲突和信息不对称的条件下，委托人如何设计最优的契约去约束和激励代理人的行为。

代理问题广泛存在于所有的企业之中，典型的代理问题包括股东与管理者代理问题、大股东与中小股东代理问题、股东与债权人代理问题。其中股东与管理者的代理问题也被称为第一类代理问题，大股东与中小股东的代理问题也被称为第二类代理问题。大股东与中小股东存在代理冲突时，假设公司管理者与大股东利益一致，当股东与债权人存在代理冲突时，假设公司管理者与股东的利益一致。委托代理理论视角下，非效率投资是公司中各种代理人为了私有利益，损害委托人利益的投资行为，以上三种代理冲突均会引起企业的非效率投资行为。

2.2.2 股东与管理者代理问题导致非效率投资

委托代理问题的研究始于第一类代理问题，所有权与管理权相分离是产生第一类代理问题的根源。詹森和麦克林（Jensen and Meckling, 1976）认为，作为委托人的股东依据事先签订的契约授予作为代理人的管理者对企业一定的管理权，管理者在授权范围内执行企业的管理活动，两者均以自身利益最大化为目标进行决策从而产生代理冲突，进而导致非效率投资。第一类代理问题引起的非效率投资长期以来形成了几种有代表性的观点（如图2-2所示）。

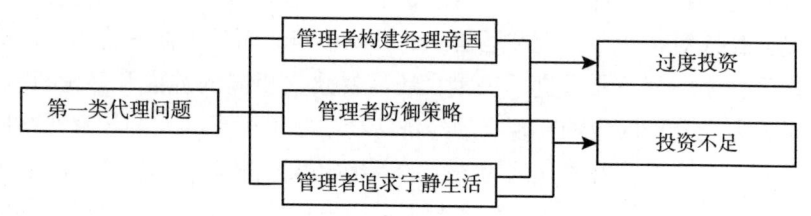

图2-2 第一类代理问题导致非效率投资示意

1. 构建"经理帝国"与过度投资

在企业的经营中，管理者处于主导地位，但股东拥有企业的剩余索取权。管理者努力工作的成果由股东与管理者共同分享，而管理不善会遭到股东的抛弃，其在经理人市场中的价值会降低，这种不公平性引起管理者具有获取私人利益的内在愿望，尤其是在股东对管理者的激励达不到其要求时。管理者通过扩大企业规模可以获得更多的可控资源，增强自身权力，就可以获取与企业规模成正比例的私人收益，这不仅包括收入的增长，还包括更高的社会声誉[①]、更多的在职消费[②]等。科尼恩

[①] Holmstrom B., Costa J. R., Managerial Incentives and Capital Management. The Quarterly Journal of Economics, Vol. 101, No. 4, 1986, P. 835.

[②] Stuiz R., Managerial Discretion and Optimal Financing Policies. Journal of Financial Economics, Vol. 26, No. 1, 1990, P. 3.

和墨菲（Conyon and Murphy，2000）的研究发现，管理者的收入与企业规模成正比例增长，规模越大的企业的管理者的收入，不管是货币性收入还是非货币性收入，都远远大于规模更小的企业。因此，管理者存在使企业发展规模超出理想规模的内在动机，在公司投资决策中将企业规模扩张作为重要的工作目标，利用一切可利用的资金来进行投资，其中也包括有利于自身利益而损害股东利益的投资项目，形成过度投资，降低企业价值。詹森（Jensen，1986）将这种现象称为管理者有建立"经理帝国"的偏好。

2. 管理者防御与非效率投资

施莱弗和维什尼（Shleifer and Vishny，1989）首先提出管理者防御假说。以管理者自身存在防御的本能进行分析，管理者必然热衷于投资那些需要发挥他们特殊技能的专业项目，这些专业项目的投资需要管理者所积累的丰富的知识和经验，一旦更换管理者，新任的管理者很可能由于无法迅速了解这些专业的投资项目而增加了投资失败的风险，从而给企业造成损失。这样，管理者就增加了股东更换自己的成本，达到了增强工作保障的目的，削弱了来自权益资本的控制，成功地防御了自己的职位并稳固了自己的地位。然而，当管理者进行投资决策时不是更多地关注投资项目的净现值是否为正，而是更多地考虑是否能够增加与股东谈判的筹码以及是否会被其他经理人替代时，就会导致投资决策很可能不符合股东利益最大化的目标，从而产生过度投资。而另一方面，管理者如果只关注发挥其专业特长的投资项目，必然忽视有利于企业价值增长的其他优质项目，面对这些项目时犹豫不决、错失良机，或者直接予以否定，也会导致企业的投资不足。

此外，管理者防御还可能使管理者倾向于维持过去投资形成的经营业绩较差的项目，而不是清算或退出，因为清算或退出就表明管理者以往的投资决策是失败的，从而影响自己的地位。维持业绩较差的项目很有可能导致过度投资的延续以及进一步增加过度投资的金额。另外，将资金用于以往的投资形成的经营业绩较差的项目，也会导致投资优质项目的资金不足，产生投资不足。

3. 宁静生活假说

宁静生活假说由伯特兰和穆莱纳桑（Bertrand and Mullainathan，

2003）首先提出。他们认为，管理者具有惰性和风险厌恶性，更倾向于宁静生活而不是辛苦的工作和承担更多的风险。宁静生活导致管理者的非效率投资也分为多种情况。

第一，管理者很可能会投资于自己熟悉的专业领域而不是陌生领域。管理者在自己熟悉和擅长的领域可以降低自己的努力程度，既不会耗费太多的时间和精力，又可以更好地掌握和控制投资项目。但从股东的角度来看，管理者熟悉的领域对企业来说并不一定是最优的投资领域，容易导致过度投资的发生。

第二，当管理者面对短期和长期投资项目的选择时，管理者很可能会倾向于回报迅速的短期项目，这些项目风险较低，回报比较快，可在短时间内提升企业业绩，显示出管理者的能力[①]。然而放弃更有利于企业发展的长期投资项目将大量资金集中于短期投资，却很容易造成短期内的过度投资，而对企业的长期发展而言，会导致一种投资不足的状态。

第三，随着投资规模的逐渐加大，管理者需要付出更多的时间和精力去管理投资项目，这是希望获得宁静生活的管理者所不愿意看到的，所以管理者可能会为追求宁静生活而选择放弃有利的投资项目，造成投资不足。

第四，管理者在进行决策的时候更倾向于使用自己已经掌握的方法或者自己已经熟悉的模式，甚至发生直接跟随其他企业大多数管理者的"羊群效应"[②]，而不愿意尝试新模式和新方法，使用新模式和新方法进行决策就需要自己不断地进行学习，这是具有惰性的管理者不愿意做的事情。因此，投资模式和方法的滞后也是非效率投资的诱因之一。

2.2.3　大股东与中小股东代理问题导致非效率投资

施莱弗和维什尼（Shleifer and Vishny，1986）的研究表明，西方发

---

① Narayanan, M. P., Managerial Incentives for Short – Term Results. The Journal of Finance, Vol. 40, No. 5, 1985, P. 1469.

② Scharfstein D. S., Skein J. C., Herd Behavior and Invesment. The American Economic Review, Vol. 80, No. 3, 1988, P. 465.

达国家的公司股权结构多是高度分散的，而许多发展中国家的公司股权结构是高度集中的，高度集中的股权结构带来了较严重的大股东与中小股东的代理问题。此后，第二类代理问题逐步在委托代理问题的研究中受到重视。克莱森斯等（Claessens et al.，2002）认为在股权较为分散的公司里，股东与管理者的冲突是最主要的代理问题，然而，在股权较为集中且达到一定程度时，管理者将主要由大股东委派并代表大股东的利益，大股东与中小股东间的代理问题就成为企业的首要代理问题。

随着大股东持股比例的增加，大股东对企业的控制权逐渐增大，中小股东由于控制权较小，在很大程度上只能委托大股东代其行使各种决策权。大股东只以自身利益最大化为目标进行决策，这使得大股东与中小股东的代理冲突逐渐凸显。大股东可能会利用掌握的控制权影响企业的投资决策，谋取私利从而损害中小股东的利益。控制权私有收益就是指公司大股东获得的收益超过了按其持有股份的比例分配的份额，获得了额外的收益[1]。戴克和津盖尔斯（Dyck and Zingales，2004）的研究发现，大股东有强烈的动机来制定有利于自身利益目标的各种非效率投资决策，来增加其控制权的私有收益。

第一，公司规模越大，大股东对企业的控制性资源越多，获得的控制权私有收益就越多，因此，大股东有扩大资本投入以增加自身对企业的控制性资源的动机，为最大化其控制权私有收益而进行过度投资，这可以被称为大股东有构建"企业帝国"的动机。

第二，为获得"额外"收益，大股东有通过关联交易扩大投资支出"掏空"企业的动机，从而为追求自身利益而牺牲中小股东利益。约翰逊等（Johnson et al.，2000）认为第二类代理问题可能导致公司以高于市场平均水平的价格购买控股股东的资产，或者投资于能给控股股东带来协同效益的投资项目，其结果是投资了部分 NPV 小于零的投资项目而引发过度投资。而当大股东"掏空"企业后，同样会导致投资优质项目的资金不足，产生投资不足（如图 2 - 3 所示）。

---

[1] Grossman S. J.，Hart O. D.，One Share-one Vote and the Market for Corporate Control. Journal of Financial Economics. Vol. 20，No. 1，1988，P. 175.

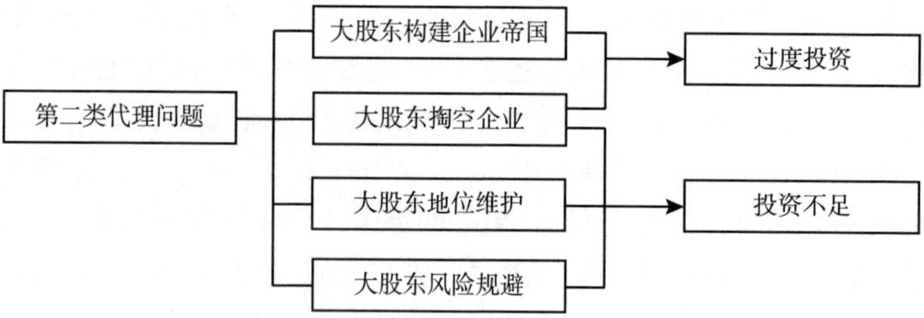

```
第二类代理问题 ─┬─ 大股东构建企业帝国 ─┐
                │                      ├─→ 过度投资
                ├─ 大股东掏空企业   ───┘
                │
                ├─ 大股东地位维护 ─────┐
                │                      ├─→ 投资不足
                └─ 大股东风险规避 ─────┘
```

图 2-3　第二类代理问题导致非效率投资示意

第三，大股东出于维护其控股地位的考虑，即使出现有利的投资机会，也不愿冒着稀释股权的风险进行股权融资，所带来的融资约束会造成企业投资不足。克雷西和奥洛夫索伊（Cressy and Olofssoii，1997）的研究结果表明，大股东非常重视自己的控制权地位，不愿意跟其他股东分享企业的收益，他们宁愿将公司以高价整体出售，也不愿为了有利项目进行股权融资。

第四，大股东较高的持股比例使得大股东和企业的利益趋向于一致，大股东出于自身利益的考虑，对企业风险的容忍度会下降。当外部融资成本过高时，投资项目所要求的预期收益率会增加，而投资项目预期发生亏损的风险也相应增大，出于规避风险的考虑，即使存在有利的投资机会，大股东也不会同意通过外部融资为投资项目筹集资金，从而造成企业投资不足。

2.2.4　股东与债权人代理问题导致非效率投资

法玛和米勒（Fama and Miller，1972）提出股东和债权人的利益不可能同时达到最大化。债权人将资金的使用权让渡给企业，企业占用债权人的资金进行经营，在这一关系中，股东变为代理人，而债权人是委托人。股东和债权人对企业经营成果的分享方式是不同的，债权人只能按照约定到期收回本金和利息，而股东则享有对企业的剩余索取权。股东不会以债权人的利益为核心进行决策，二者之间必然存在利益冲突。

股东在对企业投资决策施加影响时可能会损害债权人的利益，造成过度投资。为确保企业能够到期按时还本付息，债权人更多地希望企业能够投资风险较小的项目。然而，当投资项目所需资金有一定比例是由债权人提供时，债务成本是固定的，由于财务杠杆的作用，股东享有的剩余收益会随着投资项目收益率的增长而加倍增长，而且债务融资比例越高，股东的剩余收益越多。高风险的投资项目代表着可能的高收益率，再加上债权人不能对股东进行全面的监督，股东更愿意也有条件用债权人的资金为自己谋取私利，将债权人的资金投资于高风险的项目。一旦高风险的项目投资成功，股东能够获得全部的超额收益，即使投资失败，有一部分损失会转嫁给债权人，股东只承担有限责任，此时债权人不但无法获得约定的利息收入，甚至连债务本金都难以收回，这种现象也被詹森和麦克林（Jensen and Meckling，1976）称为管理者有偏好高风险项目的"资产替代"动机。

当企业的负债水平达到一定程度之后，股东与债权人代理问题的另一种表现形式就出现了。在企业的投资收益中，首先需要扣除债权人的利息，剩余的部分才由股东享有。企业的债务水平越高，债权人面临的财务风险就越大，所要求的债务利息率就越高，当债务利息率接近企业的投资收益率时，股东只能得到很少的剩余收益，过高的债务水平会导致股东的成本与收益不对等，使得股东缺乏投资积极性，导致企业投资不足。与之相对应，为了避免企业出现过高的债务水平，即使面临着有利的投资机会，股东也不愿意通过大规模的债务融资为投资项目筹集所需资金，进而导致投资不足（如图2-4所示）。

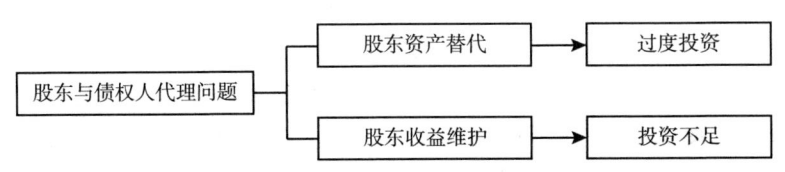

图2-4 股东与债权人代理问题导致非效率投资示意

2.2.5 委托代理中的自由现金流与非效率投资

詹森（Jensen，1986）首次提出了自由现金流的概念，将"自由现金流"定义为满足企业所有正净现值投资项目所需资金后剩余的那部分现金。

内部融资和外部融资是企业的两种融资方式。外部融资是指企业通过发行债券、股票以及向银行借款等手段为新项目筹集资金，内部融资是指企业使用内部现有资金对新项目进行投资。信息不对称理论认为，企业外部的债权人和投资者与内部人之间存在信息不对称，外部债权人和投资者为了规避风险，会要求企业在外部融资时支付一定的溢价，从而使得外部融资成本高于内部融资成本，这就导致企业更倾向于内部融资。企业的这种外部融资约束使得自由现金流具有较高的持有价值，自由现金流越多的企业财务弹性越大，不容易错过各种有利的投资机会。企业管理者为了能更好地把握住有利的投资机会，会倾向于持有较高的自由现金流，而在完成 NPV 大于零的项目后也倾向于不把所掌控的自由现金流通过发放股利等形式返还给股东。阿尔梅达（Almeida，2004）、福克纳和王（Faulkender and Wang，2006）的研究表明，外部融资约束越严重的公司，其现金流的持有量也越多。另外，企业所处的外部环境的不确定性越大，未来的经营风险和破产风险也就越大，企业为了降低风险也会持有较多的自由现金流。王红建等（2014）的研究表明，企业在外部经济政策具有较大的不确定性时会持有较高的现金流水平。

然而，充足的自由现金流却使得管理者有条件投资于对自身有益而损害公司整体利益的低效率项目，不明智地使用及浪费企业自由现金流去从事过度投资行为，实现自己"经理帝国"的愿望。公司充裕的自由现金流也增加了大股东的可控资源，为大股东构建"企业帝国"以及"掏空"企业的行为提供了便利。另外，其他方面的委托代理冲突导致的过度投资也是以自由现金流的存在为前提。因此，大量持有自由现金流是产生过度投资的直接原因。理查森（Richardson，2006）研究发现在自由现金流量充裕的企业中过度投资较为集中。在我国，刘昌国（2006）、张功富（2007）的研究表明我国上市公司的过度投资问题主要是由于自由现金流大量存在引发的。徐晓东和张天西（2009）发现企业过度投资对自由现金流高度敏感，自由现金流越多的企业，过度投资问题越严重。

企业自由现金流缺乏在理论上与投资不足是直接对应的。米格尔和品达（Miguel and Pindado，2001）验证了存在投资不足和过度投资的企业都存在投资对现金流的敏感性。王治等（2015）的研究表明，负的自由现金流与投资不足显著正相关，正的自由现金流与投资不足显著负相关，自由现金流量为负的企业更容易产生投资不足，而自由现金流增加能减轻企业的投资不足。

2.3 信息不对称与非效率投资

2.3.1 信息不对称理论概述

信息不对称是指交易的参与者所掌握的与交易相关的各类信息是不一致的，一方掌握的信息比较充分，处于有利地位，形成信息优势，而另一方了解的信息相对贫乏，处于不利地位。通常情况下，交易行为的卖方有较完全的信息，而买方的信息相对更不完全。每个市场参与者都以自身利益最大化为目标进行决策和行动，信息不对称必然会导致信息拥有的优势一方为牟取自身更大的利益而损害另一方的利益。信息不对称理论的核心问题就是研究如何采取有效措施促进交易参与者的信息沟通，保护信息劣势者的利益，实现企业各利益方的帕累托最优，从而增加企业价值。

信息不对称分为事前信息不对称和事后信息不对称，分别出现在交易行为发生之前和交易行为发生之后。事前信息不对称会导致逆向选择行为，即信息劣势一方以信息优势一方会损害自己的利益为前提进行决策，导致了市场资源配置的扭曲，如劣质品驱逐优质品、劣质客户驱逐优质客户等。事后信息不对称则会产生道德风险，即交易双方在签订交易协定后，信息优势一方有目的损害劣势一方的利益而增加自己利益的行为。

阿克洛夫（Akerlof，1970）通过分析旧车市场的"柠檬问题"，开启了逆向选择的研究。在旧车市场上，存在着大量质量不一的旧车，卖方完全了解旧车的信息，知道车的真实质量，而买方并不知晓每辆车的真实质量，只能观察到每辆车的外观信息，于是买卖双方就存在着严重的信息不对称。在这种情况下，买方只能按照旧车市场的平均价格购买旧车，如果卖方的旧车质量较好，其价值高于旧车市场的平均价格，则卖方不会出售旧车，只会选择退出旧车市场。长此以往，所有质量好而价格高的旧车卖方都退出市场之后，市场上只剩下了质量低的旧车卖方。

道德风险的典型案例为投保交易发生后的保险业务。在保险市场上，保险公司很难了解到投保人的具体情况，不能观察到每个投保人在投保后的个人行为，也就无法对投保人实施有效的监督，保险公司与投保人之间存在的信息不对称，使得投保人享受保险保障之后，很可能会不像投保前那样谨慎行事，不按常规履行合同或故意遭险，发生的败德行为往往会使保险公司承担正常概率之上的赔付率，产生额外的损失。

道德风险与委托代理都是分析契约签订后各缔约方之间的冲突问题，只是两者的侧重点不一样，道德风险认为冲突主要是由于信息不对称造成的，委托代理认为各自的利益不一致才是冲突产生的根本原因。然而，委托代理理论将信息不对称作为了代理冲突产生的前提条件，正是在非对称信息的情况下，委托人不能完全观测到代理人的行为，对代理人的自利行为不能及时加以制止和防范，使得代理人损害委托人的利益成为可能。另外，各方利益的差异也必然是道德风险产生的前提条件，如果各方利益一致，即便存在信息差异，也不存在一方损害另一方利益的问题。因此，解决企业中各方所产生的利益冲突，可以从协调各方利益着手，也可以从信息沟通着手。

2.3.2 逆向选择导致非效率投资

潜在股东是指准备对企业进行投资的投资者，潜在股东关注企业的时间较短，掌握的企业发展现状和未来发展前景的信息不够全面，造成潜在股东和现有股东之间的信息不对称。潜在债权人与潜在的股东一致，也处于和企业之间信息不对称的劣势一方。潜在股东和潜在债权人的逆向选择均会导致企业过度投资与投资不足的产生（如图2-5所示）。

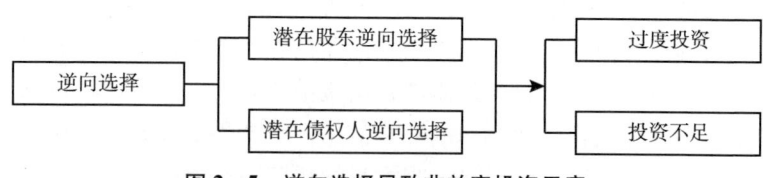

图2-5 逆向选择导致非效率投资示意

1. 潜在股东逆向选择

迈尔斯和马吕夫（Myers and Majluf，1984）针对潜在股东的信息劣势分析了股票融资中的逆向选择问题对企业投资行为的影响。潜在的股东不能准确鉴别好的和坏的上市公司，对融资企业现有资产的价值缺乏足够的信息，也无法准确观测到企业投资项目的风险信息，无法确定投资项目的净现值，所以他们只能对资本市场上融资企业所发行的股票按照平均的市场价格进行估价，使得每一个企业股票的实际价值不能被真实地反映出来。拥有高质量投资项目的企业由于股票价值被低估而无法获得足够的资金，只能被迫放弃投资项目，造成投资不足，也即优质项目被驱除；拥有低质量投资项目的企业，相对于投资项目面临的高风险，平均的市场价格是被高估的股票价值，当企业以较低的股权融资成本取得充足的资金并投资于高风险的项目后，发生过度投资的概率将大大增加。从另一角度分析，投资项目净现值较低的企业是可以从发行的被高估的股票中获利的，这一收益可能会弥补净现值小于零的项目所造成的损失，从而使得这些企业有可能实施净现值为负的项目，导致过度投资[①]。

另一种说法是从潜在股东自我保护的角度进行分析。现有股东和潜在股东之间的信息不对称会导致潜在股东要求额外的收益，这就提高了企业的股权融资成本，使得股权融资成本高于内部融资成本，从而导致企业面临较强的外部融资约束，难以为投资项目筹集到足够的资金，造成投资不足。现有股东和潜在股东信息不对称所导致的融资约束是造成企业投资不足的重要原因。

2. 潜在债权人逆向选择

潜在债权人无法准确观测到每家企业投资项目真实的风险信息，只能以市场的平均风险为依据制定适用于所有企业的贷款利率，对于拥有高风险投资项目的企业来说，潜在债权人以市场平均风险制定的贷款利率是一个可以接受的融资成本，企业通过"低成本"的债务融资为高风险投资项目筹集到所需资金后，过度投资也就更容易发生；而拥有优

---

① Heinkel R., Zechner J., The Role of Debt and Preferred Stock as a Solution to Adverse Investment Incentives. Journal of Financial and Quantitative Analysis, Vol. 25, No. 1, 1990, P. 17.

质投资项目的企业会由于债务融资成本过高而被迫放弃有利的投资机会，造成投资不足。

潜在债权人也存在自我保护的倾向。股东掌握的关于企业投资项目风险的信息要明显多于潜在债权人，由于股东和潜在债权人之间存在信息不对称，潜在债权人为了保证自身利益不受损害，会要求在借款合同中加入附加条款，以确保自己能够按照借款合同的规定及时收回本金和利息，此时企业的投资决策很可能会出现由于借款合同限制而被迫放弃有利投资项目的情况，造成企业投资不足[①]。

2.3.3 道德风险导致非效率投资

现实世界是不完美的，信息不对称是缔结契约各方的常态。在企业的利益相关者中，股东与管理者之间、大小股东之间以及股东与债权人之间都存在由事后信息不对称所引起的道德风险问题，引起企业的非效率投资（如图2-6所示）。

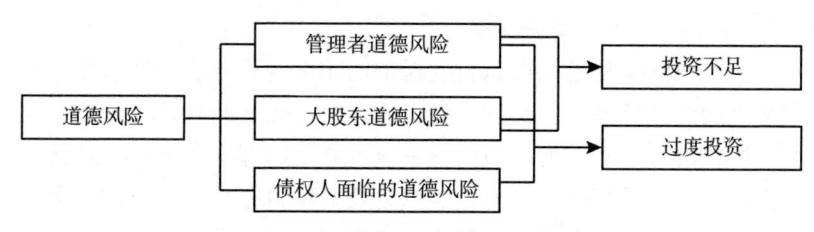

```
                ┌─── 管理者道德风险 ───┐   ┌─ 投资不足 ─┐
    道德风险 ────┼─── 大股东道德风险 ───┤
                └─── 债权人面临的道德风险 ─┘   └─ 过度投资 ─┘
```

图2-6 道德风险导致非效率投资示意

1. 管理者的道德风险

股东不可能完全了解作为企业经营者的管理人员的能力、勤勉程度和机会主义行为的有无，另外，作为企业的外部利益相关者，股东不直接参与企业经营管理，只能凭借企业管理者提供的信息粗略地了解企业的经营状况，这就客观上造就了股东与管理者之间明显的信息优劣势对比。纳拉亚南（Narayanan，1988）认为，在信息不对称的情况下，当

---

① Jaffee D., Russell T., Imperfect Information, Uncertainty and Credit Rationing. Quarterly Journal of Economics, Vol. 90, No. 4, 1976, P. 659.

投资者对公司的信息没有内部管理者掌握的信息充分时，管理者有机会投资于能够增加自己利益的项目，而股东不能有效识别和监督管理者实施净现值小于零的项目，导致过度投资的产生；另一方面管理者也会因为降低自身风险等原因，选择放弃净现值大于零的投资项目，股东亦不能及时发觉并采取措施，从而导致投资不足。

2. 大股东的道德风险

企业现有的大股东与小股东之间也存在信息不对称。由于大股东具有较强的控制权，管理层主要向大股东负责，大股东可以获得较小股东更多的有关企业经营等的各方面信息，而出于最大化自身利益的考虑，大股东不可能与小股东分享所有的相关信息，当大股东做出构建"企业帝国"或者"掏空"企业的过度投资决策时，小股东很可能会因为掌握的信息不足而不能及时察觉和阻止。当大股东因为厌恶风险等而放弃好的投资项目，进而产生投资不足时，小股东也不能及时作出反应。

3. 债权人面临的道德风险

股东是企业的所有者，而债权人只享有企业到期还本付息的权力，这种地位上的偏差导致两者之间所享有信息的差异，债权人大多数情况下只能通过对外披露的财务报告等了解到企业一般的财务信息，具体的经营与投资等的信息却很难获取，而且为了能更容易地使用债权人的资金投资于高风险的项目，获得超额收益，股东甚至有可能故意隐瞒投资项目的相关信息，使得债权人对投资项目无法做出合理判断，进而采取相应措施，过度投资就很可能因此产生。

2.4 管理者过度自信与非效率投资

2.4.1 管理者过度自信的含义

从管理者角度解释非效率投资的信息不对称理论和委托代理理论，

都是基于管理者是理性决策者的前提下所做的分析，管理者以自身效用最大化为原则做出决策，在现代企业所有权与经营权分离，即企业的剩余索取权和控制权发生分离的情况下，会产生背离企业价值最大化的非效率投资。

然而人并非是完全理性的，会存在认知偏差，同时还会受到外部环境和主观因素的干扰，因此普遍存在非理性的心理特征，其中过度自信是表现最为稳定的非理性心理。过度自信主要产生于"好于平均"效应，即当人们评估自己的能力时，倾向于高估自己，认为自己的能力要高于平均水平。朗格尔（Langer，1975）认为，过度自信是指人们错误地认为自身成功概率高于客观概率，进而高估自己对现实认知的准确程度。不同学者对于过度自信的表述有所不同，如"过度乐观""狂妄自大"等，但描述的都是同一种心理现象，不存在本质的差别。

企业管理者具有明显的信息优势、更高的专业知识和更加丰富的实际经验，决定了管理者的过度自信较一般员工表现更为明显。管理者过度自信对应着管理者对信息掌握程度以及自身知识能力的过度自我肯定，过于相信自己的判断能力和控制能力，导致其往往过于乐观地估计企业的经营收益，低估决策面临的风险。罗尔（Roll，1986）首次提出，过度自信的心理特征容易导致管理者对目标公司估值过高或者对后期的收益过于乐观，最终导致大量失败并购。

2.4.2　管理者过度自信导致非效率投资

与理性的管理者一样，过度自信的管理者在评估投资项目时也是以净现值是否大于零来进行决策的。然而，对于过度自信的管理者而言，他们不但会高估项目未来的现金流量，而且完全相信自己有能力将项目的风险控制在较低水平，从而把不利事件发生的概率认定为很小，在对项目的未来现金流量折现时往往会采用较低的折现率。这样，在两者共同的作用下，一些实际净现值为负、不具投资价值的投资项目就会被管理者认定为具有可行性。汪德华和周晓艳（2007）通过构建数学模型，将过度自信理论与委托代理理论和信息不对称理论进行对比，从行为经济学的角度研究了过度自信与投资扭曲之间的关系，研究结果表明，三者均能合理解释企业投资的扭曲现象。因此，过度自信的管理者即便是忠于股东的，是股东的完美代理人，将企业价值最大化作为决策目标，并且不存在信息不对称，也可能制定错误的投资决策，导致过度投资的产生，损害公司利益。

国内外关于管理者过度自信与过度投资的实证研究结果比较统一。国外研究中，马尔门第和泰特（Malmendier and Tate，2005）发现过度自信这种非理性因素会促使管理者盲目地扩大投资规模，导致过度投资，尤其当企业内部资金充足时。林等（Lin et al.，2005）将盈利预测偏差作为管理者过度自信的衡量指标，发现过度自信的管理者更倾向于过度投资。郝颖等（2005）发现，在我国上市公司特有的股权安排和治理结构下，过度自信的管理者在投资决策中更可能引发过度投资。王霞等（2008）研究发现，过度自信的管理者倾向于过度投资，并对融资现金流有较高的敏感性。李云鹤（2014）发现，在企业面临高现金流—高成长机会时，管理者过度自信导致企业过度投资的可能性更大。刘柏和王一博（2017）将管理者过度自信的类型进行了细分，发现无论何种类型的过度自信，均会导致过度投资。

管理者过度自信在导致过度投资的同时，也可能会引发投资不足。希顿（Heaton，2002）通过构建模型进行实证研究发现，由于认知偏差导致的管理者过度自信会使投资项目的 NPV 向上偏移，从而导致在企业具备大量的现金流时会盲目投资于 NPV 为负的项目，造成投资过度；在企业现金流不足时，过度自信的管理者存在对外部融资的偏见，认为企业的证券价值被低估，有拒绝外部融资的倾向，从而使企业由于融资约束而不得不放弃 NPV 为正的项目，导致投资不足（如图 2-7 所示）。

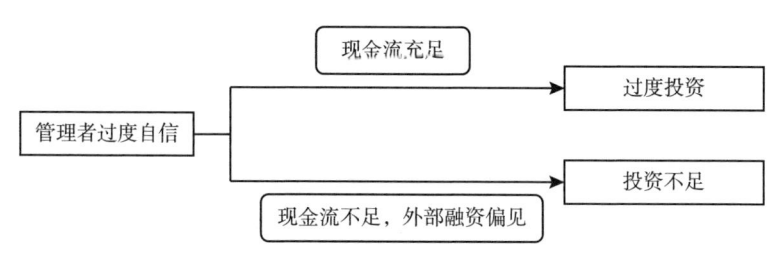

图 2-7 管理者过度自信导致非效率投资示意

2.5 本章小结

本章首先界定了非效率投资的概念，列出了与非效率投资相关的基本理论，并介绍了四种非效率投资的度量方法，认为理查森（Richardson，2006）模型是目前最准确的非效率投资度量模型。因此，本章分别从委托代理、信息不对称以及管理者过度自信三个角度分析了非效率投资的产生原因。其中，委托代理分别从股东与管理者之间的第一类代理问题、大股东与中小股东之间的第二类代理问题、股东与债权人之间的代理问题三个方面分别进行分析，信息不对称从逆向选择和道德风险两个方面分别进行分析。各种委托代理与信息不对称问题以及管理者非理性的过度自信心理以多种形式导致了企业过度投资与投资不足的产生，为下一步内部控制对非效率投资的治理机理分析准备了切入点。

第3章 内部控制的制度背景与对非效率投资的治理分析

本章在阐述内部控制制度背景的基础上,从委托代理冲突、信息不对称和管理者过度自信三个方面的非效率投资动因入手,从内部控制的特征、目标和要素三个方面深入分析了内部控制对非效率投资的治理机理,为后续的实证研究提供理论支撑。

3.1 内部控制的制度背景

3.1.1 内部控制的历史演进

内部控制是社会经济发展到一定阶段的必然产物,又随着社会经济的发展不断演变,是一个逐渐完善、不断进化的过程。不断演进的内部控制主要经历了内部牵制阶段、内部控制制度阶段、内部控制结构阶段、内部控制整合框架阶段和企业风险管理整合框架阶段。具体的历史演进过程如图3-1所示。

1. 内部牵制阶段

内部牵制阶段处于20世纪40年代以前,是内部控制的萌芽阶段。随着资本主义的飞速发展以及市场经济的逐步成熟,企业的治理结构越来越完善,出现了所有权与经营权的分离,为了有效规范企业的运营,遏制和防范可能出现的舞弊行为,进一步提升企业的竞争力,内部控制的雏形——内部牵制制度应运而生。内部牵制的内涵是规定企业在运行

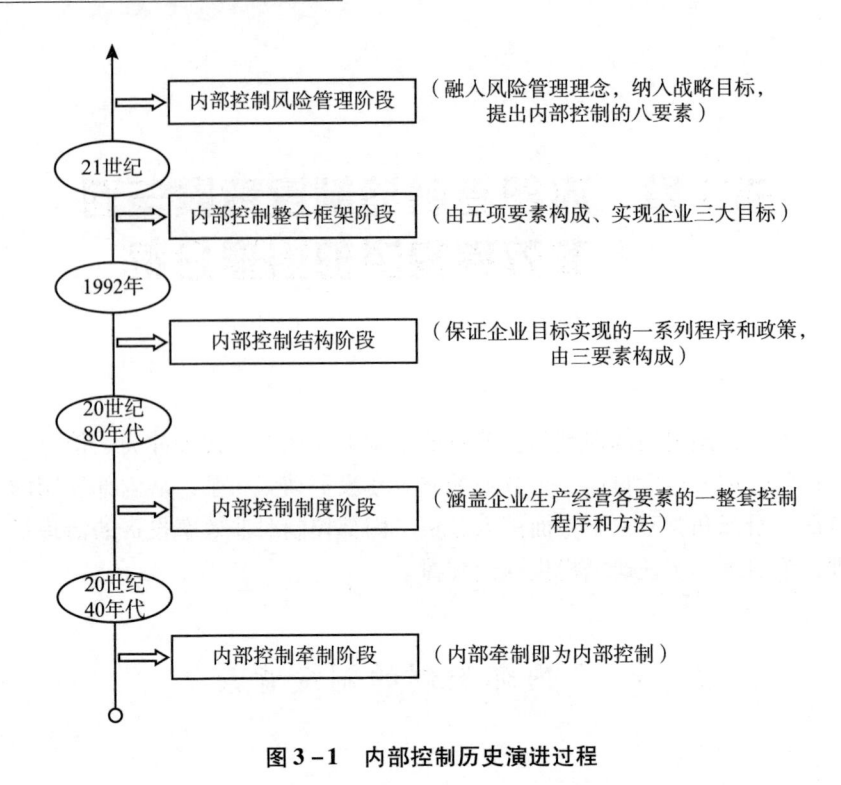

```
21世纪 ──→ 内部控制风险管理阶段    （融入风险管理理念，纳入战略目标，
                                  提出内部控制的八要素）

        ──→ 内部控制整合框架阶段    （由五项要素构成、实现企业三大目标）
1992年

20世纪
80年代  ──→ 内部控制结构阶段      （保证企业目标实现的一系列程序和政策，
                                  由三要素构成）

        ──→ 内部控制制度阶段      （涵盖企业生产经营各要素的一整套控制
20世纪                              程序和方法）
40年代

        ──→ 内部控制牵制阶段      （内部牵制即为内部控制）
```

图3-1 内部控制历史演进过程

过程中对业务的处理必须由多方参与实施，杜绝一个部门或一个人单独完成，各方之间是一种相互制约、相互弥补的关系，内部牵制能够让某一部门或员工在从事本职工作时，就能够实现对其他部门或员工的制约和监督，从而大大降低企业经营风险。

2. 内部控制制度阶段

内部控制制度阶段处于20世纪40年代到80年代，这一时期企业的生产规模极大扩展，组织结构更为复杂，单一的内部牵制已经难以应对企业不断出现的各种风险，内部控制从单一的内部牵制发展成为涵盖组织结构、人员素质、岗位职责、内部审计、业务处理程序等众多要素的内部控制制度体系，通过制定和推行一整套内部控制的程序和方法来实施对企业生产经营的有效控制，建立健全内部控制制度也被正式纳入企业的制度体系之中。在这一阶段，以美国为代表的西方国家开始将内部控制划分为内部管理控制和内部会计控制。内部会计控制主要是对财务报告可靠性、资产保护等实施的控制，内部管理控制主要是对业务授权、组织划分、决策过程等实施的控制。

3. 内部控制结构阶段

内部控制结构阶段处于 20 世纪 80 年代中后期至 1992 年 COSO 的"整合框架"发布之前。随着企业间竞争的加剧，导致了大量企业倒闭，并出现了"诉讼爆炸"，促使人们对内部控制理论进行重新审视，开始关注内部控制的具体结构。1988 年，美国注册会计师协会在《审计准则公告第 55 号》中首次使用了"内部控制结构"这一术语，代替之前的"内部控制制度"，并将"内部控制结构"定义为保证企业特定目标实现的一系列政策和程序的集合，由控制环境、控制程序和会计信息系统三要素构成。内部控制结构阶段的一大特点是将控制环境纳入内部控制的范畴之中，成为内部控制的一个重要组成部分，控制环境也随之成为内部控制研究的重点。

4. 内部控制整合框架阶段

内部控制整合框架阶段主要是在 20 世纪 90 年代。1992 年，美国专门研究内部控制问题的 COSO① 委员会发布了《内部控制——整合框架》报告，标志着这一新阶段的开启。该报告认为内部控制是由企业董事会、监事会、管理层和全体员工共同参与并实施的合理保证企业特定控制目标实现的过程。该报告提出了内部控制的三项目标和五大要素。三项目标包括企业经营的效率和效果、经营的合法合规性、财务报告可靠性，五大要素包括控制环境、风险评估、控制活动、信息与沟通、监控，目标与要素紧密联系，构成一个不可分割的整体。与内部控制结构阶段相比，该阶段强化了风险评估、信息与沟通以及对控制系统自身的监控在内部控制中的重要作用。内部控制整合框架体系在当时被各国的审计准则制定机构和相关监管机构所普遍采用，成为内部控制的一个权威标准，是内部控制发展的一个重要里程碑。

---

① 美国反虚假财务报告委员会下属的专门研究内部控制问题的发起人委员会，于 1987 年成立。

5. 企业风险管理整合框架

企业风险管理整合框架阶段从 21 世纪初至今。随着企业面临的市场竞争的加剧和风险环境的日益复杂化，再加上 2001 年美国安然、世通等一系列大型公司的破产，理论与实务界认识到了企业风险管理的重要性，也认为 COSO 委员会 1992 年发布的内部控制整合框架对风险的识别和重视程度不够，内部控制无法与企业风险管理有效结合。2002 年 7 月，美国颁布了对内部控制影响深远的 SOX 法案，对内部控制制度的建立和实施提出了详细的要求。在该法案的推动下，COSO 委员会于 2004 年发布了《企业风险管理——整合框架》，将风险管理理念贯穿到了企业内部控制制度建设的始终，标志着内部控制转型到了企业全面风险管理阶段。《企业风险管理——整合框架》一是将战略目标纳入到了内部控制目标体系，二是将内部控制的要素扩展到了八项，分别是内部环境、目标制定、事项识别、风险评估、风险应对、控制活动、信息与沟通、监督。在这一阶段，内部控制和风险管理之间的界限变得模糊，两者的结合代表着内部控制的未来发展方向，风险管理成为内部控制的灵魂。

3.1.2 我国内部控制规范体系

经过近年来的不断努力，理论界和实务界基于我国国情探索出了一条具有中国特色的内部控制建设道路，尤其是 2008 年、2010 年《企业内部控制基本规范》和《企业内部控制配套指引》（由《企业内部控制应用指引》《企业内部控制评价指引》《企业内部控制审计指引》三部分构成）分别颁布和实施，标志着具有中国特色的内部控制规范体系的建立（如图 3-2 所示）。其中，基本规范作为总纲，在规范体系中起到了提纲挈领的作用；应用指引作为主体，在规范体系中属于详细的操作要求；评价指引和审计指引分别从企业内部和外部两个视角指明了如何对企业内部控制制度有效性进行自我评价和审计评价。内部控制的应用指引、评价指引和审计指引三者既相互独立，又相辅相成，与基本规范共同构成了一个有机整体，全面规范和指导着我国企业内部控制的建设和实施。

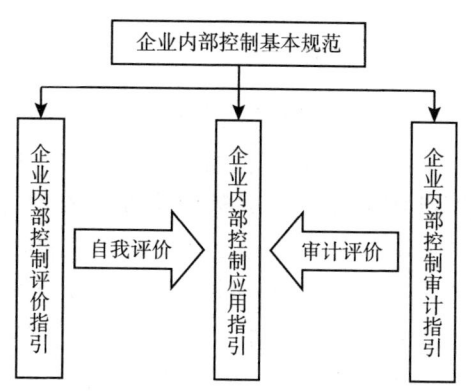

图 3-2 我国企业内部控制规范体系

1. 企业内部控制基本规范

《企业内部控制基本规范》构建了我国企业内部控制制度的基本框架,给出了内部控制的权威定义,详细规定了内部控制的目标、原则和要素。根据基本规范的规定,我国企业内部控制的目标有五个,分别为经营合法合规、资产安全可靠、财务报告信息真实完整、提高企业经营效率和效果、实现企业发展战略;内部控制的原则有五项,分别为全面性原则、制衡性原则、重要性原则、成本效益原则、适应性原则;内部控制的要素有五个,分别为内部环境、风险评估、控制活动、信息与沟通、内部监督。我国后续发布的内部控制应用指引、评价指引和审计指引都是以基本规范为总体要求进行制定,是基本规范的引申和发展。

2. 企业内部控制应用指引

《企业内部控制应用指引》是以内部控制的五要素为框架,以内部控制的目标、原则作为指导制定的,对企业建立健全内部控制制度并进行有效实施进行具体和详细的指引,在配套指引乃至整个规范体系中占据着主体地位。整个应用指引可以归纳为三大类 18 项具体指引,即内部控制环境指引(包括组织架构、人力资源、发展战略、社会责任和企业文化)、内部控制业务指引(包括资产管理、资金活动、采购业务、销售业务、工程项目、研究与开发、担保业务、业务外包和财务报告)和内部控制手段指引(包括合同管理、全面预算、内部信息传递和信息系统)。

3. 企业内部控制评价指引

内部控制评价是指企业的管理部门全面评价内部控制的有效性，从而得出评价结论、给出评价报告的过程，是企业对内部控制本身的控制。《企业内部控制评价指引》主要是对内部控制评价的基本原则、评价程序、评价内容、缺陷认定标准以及评价报告的编制进行了具体的规定。第一，内部控制的评价应遵循客观性、全面性和重要性的原则。第二，企业应根据内部控制的实际情况有序地开展内部控制评价，评价程序一般应包括制定评价方案、组成评价小组、实施现场测试、认定控制缺陷、汇总评价结果和编制评价报告六个环节。第三，内部控制评价内容应围绕内部控制的五大要素，以内部控制基本规范、配套指引以及企业具体的内部控制制度为依据，对内部控制制度的设计与运行状况进行全面、系统的评价。第四，企业应通过日常和专项监督，结合以前年度的内部控制评价，对可能存在的内部控制缺陷进行综合分析，提出缺陷认定意见并经过严格的审核之后，最终予以认定。第五，企业应根据基本规范和配套指引的要求，合理设计内部控制评价报告的格式和内容，制定详细的评价报告编制程序，并规定对外披露的权限要求。

4. 企业内部控制审计指引

内部控制审计是指企业委托会计师事务所对特定基准日内内部控制设计和运行的有效性进行审计并发表审计意见的过程，是第三方站在客观、独立的立场对企业内部控制进行的评价和分析。内部控制审计在内部控制基本规范实施之后已经成为对企业的一项强制性政策要求，既能帮助企业发现存在的内部控制重大缺陷，也能促进企业将内部控制制度落到实处，这在保证企业内部控制的有效性、实现内部控制的目标方面发挥了极其重要的作用。《企业内部控制审计指引》是对审计工作的详细规定，主要是对审计范围、计划审计工作、实施审计工作、评价控制缺陷、出具审计报告以及审计责任划分等方面提出了具体的操作意见。审计指引明确要求注册会计师在执行内部控制审计工作时，应当获取充分、适当的证据，为发表审计意见提供合理保证。

3.2 内部控制抑制非效率投资：内部控制特征角度的分析

3.2.1 内部控制的本质特征

1992 年，美国 COSO 委员会发布的《内部控制——整合框架》报告给出了在国际上被广泛接受的内部控制定义：内部控制是由企业董事会、管理层和全体员工实施的，旨在为经营的效率和效果、经营的合法合规性以及财务报告的可靠性三大目标的实现提供合理保证的过程。COSO 委员会后续发布的《企业风险管理——整合框架》中的定义仅在上述定义的基础上加上了实现企业战略目标，将内部控制的目标扩展到了四个。

我国的《企业内部控制基本规范》对内部控制的定义也是借鉴了《内部控制——整合框架》和《企业风险管理——整合框架》的定义，具体为：内部控制是由企业董事会、监事会、经理层和全体员工实施的、旨在合理保证企业经营管理合法合规、资产安全、财务报告及相关信息真实完整，提高经营效率和效果，促进企业实现发展战略的过程。

从内部控制的定义中可以分析出内部控制的本质特征。第一，内部控制的实施具有目的性。内部控制存在的前提条件是组织要实现的目标，内部控制就是为组织目标的实现提供合理保证的过程，如果没有组织目标，内部控制必将失去其作用和意义。第二，内部控制是一种全员控制。内部控制的有效执行离不开组织范围内所有主体的广泛认同和积极参与，企业内部控制的参与主体包括董事会、监事会、管理层和全体员工，只是在分工和承担的职责上有所区别。其中，董事会负责内部控制制度的建立健全，并对内部控制制度是否有效实施承担领导责任；监事会负责对内部控制制度的建立和实施进行监督；管理层主要负责内部控制制度的具体实施；各级员工在具体的内部控制活动中承担相应的责任。第三，内部控制实施的全程性。为实现控制的目标，内部控制又必然是一个全程的控制，从时间顺序上包括事前控制、事中控制、事后控制，从内容上包括企业业务流程的各个方面。第四，内部控制实施过程的动态性。为实现控制目标，内部控制必然是一个组织不断自我改进和完善的动态发展过程，而不是静态的控制制度的简单执行过程，这是内部控制的重要内涵。内部控制的控制过程应包括制度设计、制度执行、监督评价、反馈修正四个方面，构成了一个完整的内部控制体系。其中，制度设计是前提和基础，对整个内部控制工作的效果产生直接影响，制度的具体实施是核心，制度的监督是关键，而对制度的修正则是内部控制水平不断提高的根本保证。

3.2.2 内部控制特征与企业投资控制的契合

投资对企业的日常生产经营和未来发展都具有重大影响，投资项目的实施是企业日常生产经营的基础，企业未来的发展是投资项目实施效果的凝集，因此对企业投资的控制必须具有明确的目的性。从投资项目自身来说，其NPV必须大于零，但这只是基本目标，进一步的在于提高企业的生产能力和竞争力，实现企业的发展战略，没有目的性的投资，难以保证是有效率的投资。

企业投资是一个复杂的过程，涉及步骤众多。投资项目的决策需要收集客户需求、市场环境、政策要求等方面的信息，然后进行分析、规划和论证，评估项目风险，直至管理层的最终决策，投资实施过程需要进行项目跟踪，监控项目的进展情况，发现实施偏差要及时弥补和修正，保证投资项目的预期效果，投资项目结束后还需总结投资经验，为后续项目的投资提供经验支持，事前控制、事中控制、事后控制是贯穿整个投资过程始终的。另外，在整个投资期间需要上至董事会、管理层，下至投资项目管理部、风险评估部、资金运营部等相关部门员工的密切配合，涉及的人员广泛。因此，对企业投资的控制需要全员控制、全过程控制和动态控制。

因此，内部控制的四项重要特征契合了对企业投资的控制，内部控制是治理非效率投资的有效机制，拥有高质量内部控制的企业能够实现对企业投资的有效控制。

3.3 内部控制抑制非效率投资：内部控制目标角度的分析

3.3.1 内部控制的目标

根据内部控制的定义，可将内部控制的目标归纳为合规性目标、资产安全目标、财务报告可靠性目标、经营目标、战略目标五个，比 COSO《企业风险管理——整合框架》报告多了一个资产安全目标。

企业内部控制的五大目标是一个相互联系的整体，共同构成一个递进式的完整的企业内部控制目标体系。

（1）战略目标与企业的使命、企业宗旨等生存与发展职责是紧密联系的，它是最终目标，也是最高级目标。成功的企业战略能够促进企业实现经营目标，帮助企业通过分析自身的实力与所处的竞争环境，选择适合的经营范围、竞争方式和关键措施，从而及时调整产品或市场定位，帮助企业发现市场机会，通过强化管理和技术并将两者结合起来最终实现企业的经营目标。

（2）经营目标是企业内部控制的主要目标，它是企业近期应该实现的目标，由企业的战略发展目标通过逐步分解、落实和细化而形成，是对企业战略发展目标的具体化。

（3）资产安全目标主要是指有效防止企业资产的流失。企业资产流失可能是由于资产被挪用、贪污、盗窃或者浪费所导致的，也有可能是企业采用不合理的商业信用而发生坏账损失、大量积压存货导致减值、投资失败等因企业出现决策失误或决策错误带来的，资产安全目标是达到企业经营目标的物质保障。

（4）财务报告的真实性指的是会计核算要完全依据企业真实的经营过程，采用科学合理的核算方法，准确反映企业的财务状况和经营结果，完整性即为财务报告要对企业的财务状况和经营结果进行详细而全面的反映，不存在遗漏或保留，财务报告目标是风险评估、控制活动、信息与沟通的运行基础，是客观反映企业战略目标、经营目标和资产安全目标三者实现程度的前提保证。

（5）合规目标即经营管理合法合规，是达到企业经营目标的行为保障，违背法律法规和合同的行为会使企业产生较高的违法或违约成本，对股东利益或企业资产造成严重的危害，只有达到合规目标，企业才能更好地实现经营目标。内部控制五大目标的基本关系如图3-3所示。

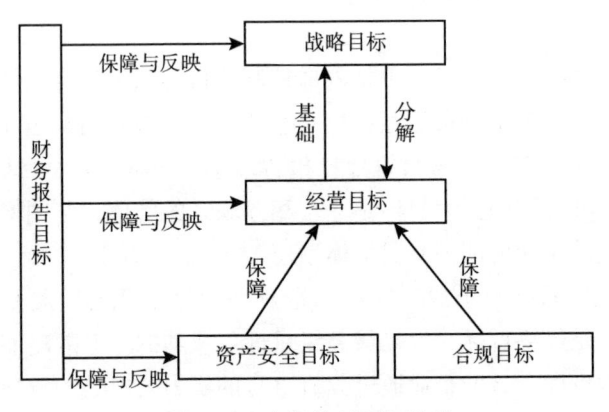

图3-3　内部控制目标关系

3.3.2　内部控制目标与企业非效率投资的不相容性

首先，过度投资意味着投资项目未来现金流量的现值低于初始投资额，投资不足意味着企业丧失了价值增值的机会，对企业来说都是资产的损失，不符合内部控制的资产安全目标。

其次，与非效率投资相联系的，是可能存在的违规行为，比如大股东不恰当的关联交易，没有按照企业所规定的程序、方法和标准进行投资决策和实施，甚至可能出现违反法律的行为，不符合内部控制的合法合规目标。企业的经营是围绕投资项目进行的，非效率投资也就代表着企业经营不能达到预期的绩效，不能完成经营目标，而无数近期的经营目标是远期战略目标的分解，近期经营目标不能实现，远期战略目标也就遥不可及。

最后，非效率投资所导致的企业经营绩效的降低，代表着管理层没有能够很好地履行股东赋予的受托责任，这会刺激管理层进行会计选择盈余管理和真实活动盈余管理，通过各种手段虚增利润，"粉饰"财务报告，对财务报告质量产生负面影响。

因此，内部控制的目标与非效率投资是不相容的，对于严重影响内部控制目标实现的非效率投资，是内部控制要治理甚至消除的重要对象，一个企业拥有高质量的内部控制体系，非效率投资很可能"无处藏身"。

3.4 内部控制抑制非效率投资：内部控制要素角度的分析

《企业内部控制基本规范》明确规定内部控制由内部环境、风险评估、控制活动、信息与沟通和内部监督五大要素构成，内部控制五要素的质量决定了内部控制的质量，决定着内部控制整体的有效性，影响着内部控制治理作用的发挥。

内部控制五大要素是一个相互联系、相互影响的有机整体（如图3-4所示）。其中，风险评估和控制活动占据主体和中间地位，风险评估通过技术手段找出影响内部控制目标实现的各项风险因素，并对潜在风险进行定性和定量的评估，制定出相应的风险应对策略，控制活动则以风险评估结果为依据，及时采取预防和控制措施有效降低风险，是风险应对策略的具体实施。内部环境处于整个内部控制系统的最底部，是企业实施内部控制的基础，对内部控制目标的实现起到重要的保障作用，企业没有良好的控制环境，风险评估和控制活动就不能有效发挥作用。内部监督处于内部控制系统的最顶部，它是针对其他四项要素的监督检查，保证其他四个要素的有效运行，是对内部控制自身的控制。风险评估是建立在对企业内外部的各种风险信息进行准确分析的基础上的，内部环境、风险评估、控制活动以及内部监督之间也需要进行信息的及时沟通，这样信息与沟通要素的作用也就得以充分体现，在内部控制系统中处于联系内外、沟通其他要素的关键地位。

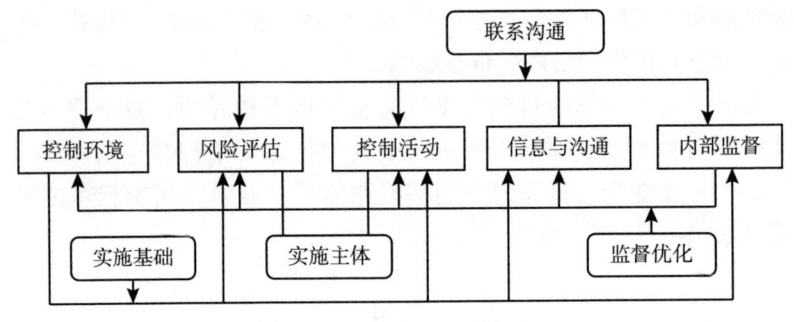

图 3-4　内部控制五要素关系

3.4.1　内部环境与非效率投资

内部环境是内部控制所处的背景和氛围，是企业实施内部控制的基础，也是其他内部控制要素发挥作用的前提和保证。内部环境包括公司治理结构、机构设置与权责分配、内部审计、企业文化等。

公司治理结构是企业所有者对企业的生产经营管理进行监督、激励、协调、控制的一整套制度安排。内部环境要求企业建立规范的公司治理结构，明确股东大会、董事会、监事会等在决策、执行、监督等方面的职责权限，制定合理的议事规则，形成科学有效的职责分工和制衡机制。另外，内部环境还强调企业结合自身业务特点和内部控制的要求设置内部机构，将权力与责任落实到各个单位，使全体员工合理行使职权。一个企业没有良好的内部控制环境，投资活动很容易失去控制，管理者能够轻易实现"经理帝国""宁静生活"等自身美好愿望，过度自信的管理者由于缺少约束也有了更大的过度投资的空间，大股东很容易实现建立"企业帝国"的愿望以及对企业的"掏空"利己行为，股东向债权人转嫁风险和损失的行为也更容易发生。高质量的内控环境对应着企业内部权力的有效制衡、权责的合理分配，从而减少委托人和代理人之间的代理冲突，制约管理者过度自信的非理性心理，有效地预防管理者和控股股东做出不恰当的投资决策，保证了公司投资决策的可靠性和合理性。比勒特等（Billett et al.，2011）、吉鲁德和穆勒（Giroud and Mueller，2011）发现公司治理结构差的公司更可能发生非效率投资。杨兴全等（2010）、张会丽和陆正飞（2012）、俞红海（2010）研究发现高质量的公司治理以及合理的机构设置和权责分配能够抑制企业的非效率投资。

内部审计的本质问题是受托责任问题,投资者即股东需要企业内部独立的第三方帮助其评价和监督管理者经营管理资产的情况。作为独立的监督机制,内部审计可以监督管理者的行为,对管理者不当的投资决策产生威慑作用,一方面能够制约企业管理者构建"经理帝国"的行为,抑制企业过度投资,同时也能遏制管理者的惰性行为和风险规避行为等,抑制投资不足。赵保卿和徐豪萍(2017)利用2013~2014年A股上市公司的数据,发现内部审计质量与过度投资、投资不足均负相关。

内部环境还要求加强企业文化建设,培养积极向上的价值观和社会责任感,树立现代管理理念,强化风险意识,企业文化能够影响股东、管理者和员工的控制意识,提高投资决策的科学性和合理性(如图3-5所示)。

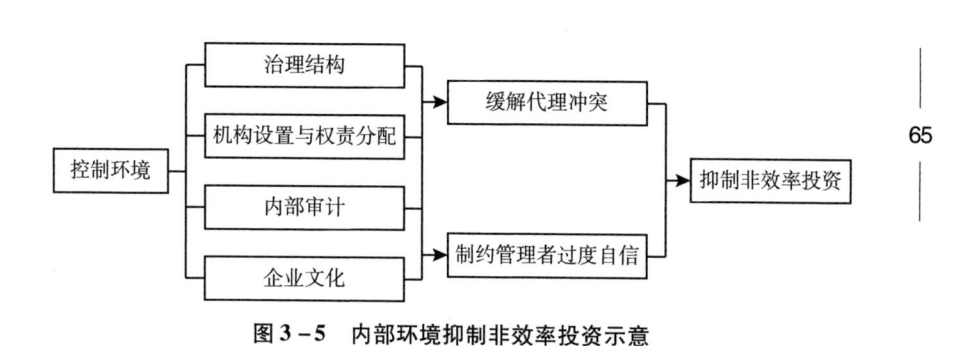

图3-5 内部环境抑制非效率投资示意

3.4.2 风险评估与非效率投资

企业在经营过程中会面临来自内部和外部的各种风险,准确、及时地识别影响控制目标实现的各种风险并及时采取相应措施对企业来说至关重要。风险评估要求企业应全面、系统、持续地收集相关信息,系统分析控制目标的实现过程中可能出现的各种风险,合理确定风险承受度,制定有效的风险应对策略,将风险控制在可承受的范围之内。内部控制体系所提出的企业风险应对策略包括风险规避、风险分担、风险降低以及风险承受等。

未来的不确定性导致企业投资必然是有风险的。投资项目风险评估需考虑的外部风险因素包括经济形势、市场竞争等经济因素以及法律、科技、自然环境等社会因素，内部风险因素包括管理人员职业操守、员工专业胜任能力等人力资源要素以及财务状况、自主创新、安全生产等内部环境因素。风险评估强调企业在进行投资项目的风险分析时，应充分吸收专业人员组成风险分析团队，按照规范、严格的程序开展工作，确保风险分析结果的可靠性，进而制订合理的投资风险应对策略。因此，良好的风险评估体系能够辨认投资过程中可能发生的内外部风险及风险水平，有效防范管理者、大股东由于委托代理和过度自信等原因滥用自由现金流进行风险偏好的投资行为，及时矫正有损于企业经济利益的投资决策，避免过度投资的发生。另外，良好的风险评估对投资项目的风险做出合理的估计，也能够避免管理层、大股东主观上过高地估计投资项目的风险，从而为其维护自身利益的投资不足行为找到借口，抑制投资不足的发生（如图 3-6 所示）。

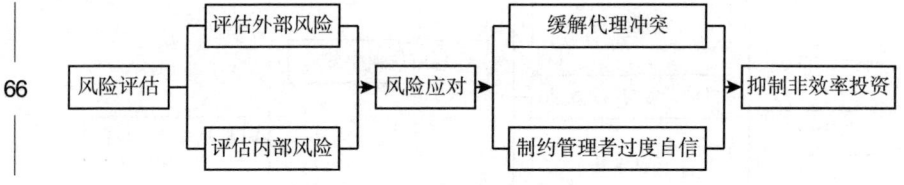

图 3-6　风险评估抑制非效率投资示意

3.4.3　控制活动与非效率投资

控制活动是企业为了将风险控制在可承受范围之内，以风险评估结果为依据实施有效的风险控制措施的过程，控制活动是内部控制目标能否实现的核心要素。控制活动具体的控制措施包括不相容职务分离、授权审批、会计系统控制、预算控制、运营分析控制和绩效考核控制等。不相容职务分离控制要求企业系统性地梳理业务流程中包含的一系列不相容职务，并在此基础上进行有效的分离，保证工作机制的相互制约。授权审批控制是指企业应明确各部门、各业务岗位的权限范围以及各自应承担的相应责任，对于特殊及重大事项，应采取严谨完善的措施保证决策的有效性，例如集体决策审批等制度，避免出现单一人员独断专行的弊端。会计系统控制要求企业必须严格遵守国家统一的会计准则和相关制度，保证企业会计工作的顺利开展，同时要求企业明确日常会计处理中凭证、账簿及财务报告的处理程序，保证相关会计资料的真实完整，不得伪造、变更相关会计资料。预算控制要求企业实施全面预算管理制度，并对企业内部各个部门的预算编制实现有效的管理和约束，保证预算编制、审核、下达、执行一系列工作的规范进行，避免出现特殊部门具有过分的预算管理权限。运营分析控制是指企业能够建立完善的运营分析制度，对企业内部运营过程中出现的各种问题和差错能够及时查明原因，并采取适当的措施加以修正和改进。绩效考核控制要求企业建立完善的内部绩效考核机制，根据企业各种业务的实际情况采取适合的考核指标，对企业内部各责任单位和全体员工进行定期考核评价，最终实现企业良性发展。

企业通过有效的事中运营分析控制以及事后绩效考评控制、严格的不相容职务分离控制、严密的会计系统控制和预算控制、规范的授权审批控制等，可以保证公司业务流程的合理安排以及各职能部门的协调配合，保证企业的投资活动在谨慎、有序和相互制约的环境中进行。在进行投资决策时，有效的控制活动能从人事活动、现金流等方面进行统筹规划，减少与投资决策相关的故意或失误性错误，对企业的资源进行合理配置，预防非效率投资的发生。在企业投资以后，有效的控制活动能对投资项目进行实时监控，及时掌握项目运营过程中出现的各种问题，并将所获得的信息迅速反馈给企业管理层，及时做出调整投资或者取消投资的相应决策，避免过度投资进一步扩大。通过投资项目结束后实际经营绩效与预期目标的对比分析，相类似的不能增加企业价值的过度投资项目也将不会在后续经营中出现。

《企业内部控制应用指引第 6 号——资金活动》中明确规定，企业在进行投资活动时，应根据投资的规划和目标，加强对投资方案的可行性分析，重点关注投资项目的收益和风险，科学确定投资项目，按照规定的程序和权限对投资项目进行决策审批，同时，企业还应按照规定的权限和程序对重大投资项目实行集体决策和联签制度。上述规定通过从技术层面设置一系列的具体规则，可以预防和牵制管理层及其他参与方的不当行为，从实际操作层面提高投资的效率和效果，抑制非效率投资的发生。

内部控制活动的一项重要内容就是对企业关联交易的控制，通过对关联交易的控制，大股东和中小股东之间的代理冲突所导致的非效率投资能够被有效控制。2006年深交所发布的《上市公司内部控制指引》中曾对关联交易的控制做出了明确规定：企业的独立董事、监事会成员至少应每季度查阅一次与关联方之间的资金往来情况，了解公司是否存在被控股股东及其关联方占用、转移公司资金、资产及其他资源的情况，当发现异常时，应及时提请公司董事会采取相应的处理措施。因此，一方面，有效的内部控制活动能够预防和及时发现控股股东"掏空"企业的利益输送或资金占用的关联交易行为，比如高价收购大股东资产等，从而及时采取措施抑制此类过度投资的发生；另一方面，内部控制活动通过事前防范、事后发现并纠正不合理的关联交易，能够保全企业的资金，避免企业因被"掏空"而被迫放弃好的投资项目，抑制投资不足（如图3-7所示）。

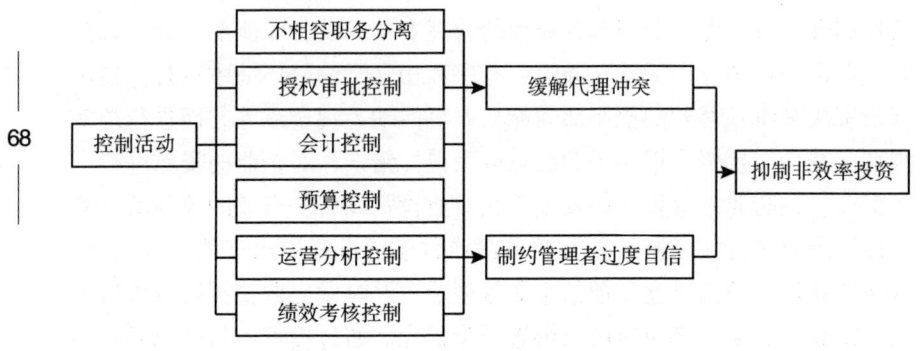

图3-7 控制活动抑制非效率投资示意

3.4.4 信息与沟通与非效率投资

信息与沟通是指企业在经营过程中为了使信息在企业内部、企业与外部之间进行有效沟通，全面搜集、有效分析并及时传递能够获得的与内部控制有关的信息的过程。企业外部信息的获取途径有行业协会组织、业务往来单位、中介机构、网络媒体、市场调查以及有关监管部门等，内部信息的获取途径包括相关财务会计资料、经营管理资料、办公网络、调研报告等，企业应该对信息沟通中发现的问题及时向有关部门汇报并采取相应的措施。内部控制开创性地将信息与沟通放在了十分重要的位置，这是内部控制与其他企业治理机制的重要区别。

信息与沟通要求企业对收集的与投资相关的各种信息，包括企业内部经营状况信息、外部竞争环境信息等，进行合理的筛选、核对和整合，提高信息的针对性和有用性，并将这些信息及时在企业内部和外部进行有效的沟通和传递。信息在企业外部的传递应涉及包括债权人、投资者以及潜在的债权人和投资者等在内的利益相关者，在企业内部的传递应涉及与投资活动相关的各管理级次、责任单位和业务环节等。

1. 信息的内部沟通

良好的内部信息沟通使得企业管理者以及相关部门和人员能够高效地获取进行投资决策所需的信息，对投资项目未来经营收益、成本投入等方面进行预测就有了可靠的基础，投资的可行性评价过程变得更加准确、可靠，保证了投资决策的正确性。同时，在投资项目的运营过程中，良好的内部信息沟通也能及时反馈项目运营情况，当项目结束时，也有利于企业掌握投资项目给企业带来的真实成本信息、投入产出水平和盈余情况，有利于企业对投资项目事后的正确评价，为未来的投资决策提供可靠的经验数据。

2. 信息的外部沟通

良好的外部信息沟通使得企业现有股东和债权人以及潜在股东和债权人能够及时获得与投资项目有关的信息。一方面，股东和债权人对管理者以及中小股东对大股东投资活动的监控将更加有效，降低了管理者和大股东出于自利目的隐瞒投资项目风险的可能，避免利用信息优势的机会主义行为的发生，从而减少由于信息不对称所导致的管理者损害股东利益和债权人利益以及大股东损害中小股东利益的道德风险行为，抑制企业过度投资和投资不足的发生。另一方面，潜在股东和债权人获取与企业投资相关的充足信息后，企业与潜在股东和债权人的信息不对称也能够有效缓解，从而有效抑制因逆向选择所导致的投资不足。

披露财务报告是企业向内外部，尤其是外部传递信息的重要方式。财务报告不仅是企业向管理者以及现有股东和债权人传递信息的传统途径，能够有效缓解信息不对称所带来的道德风险，更是企业的潜在股东和债权人获取企业信息的主要渠道来源，能够增强潜在股东和债权人对企业会计信息的信赖程度，为潜在股东和债权人对企业的投资和信贷决策提供良好的信息环境，有效缓解信息不对称所导致的逆向选择，减少企业外部融资所需支付的风险溢价从而降低股权融资成本和债务融资成本，并最终实现外部融资的增加，避免企业因融资成本过高而被迫放弃好的投资项目，抑制由此产生的投资不足。

内部控制能为财务报告的高质量提供合理保证。财务报告的高质量在一定程度上取决于管理者的主观意识，但是在更大的程度上取决于管理者所处的环境。当管理者存在会计舞弊的压力，而且管理者认为周围环境存在这种舞弊的机会时，会计舞弊行为才会发生，内部控制对控制环境的要求就是用制度去制约人的行为，使得会计舞弊的机会减少。董事会、监事会的设立和良好运行，机构职责的合理分配，内部审计制度的建立健全，对管理者都具有很强的监督作用，只要保证良好的控制环境，管理者就不存在通过会计舞弊降低财务报告可靠性的机会。另外，由于偏好风险的管理者产生经营损失的可能性较大，容易导致这类管理者不能完成股东要求的绩效目标，而风险偏好所造成的损失会真实地体现在财务报告中，这时管理者处于自身利益的考虑，很可能会"粉饰"经营业绩，产生降低财务报告可靠性的行为。而如果企业内部控制中的风险评估标准合理，风险评估系统是有效的，风险评估与控制活动相配合，管理者给企业造成损失的高风险经营行为会被及时阻止，管理者也就丧失了降低财务报告可靠性的动机。已有大量的实证研究表明，内部控制能够抑制企业的会计选择盈余管理和真实活动盈余管理，提高财务报告的盈余质量，更真实地反映企业各期的经营状况和盈利水平。会计稳健性是对会计所处环境中的不确定性所作的反映，表达了企业对待风险的一种谨慎态度，也有大量研究证实内部控制对提高企业会计信息的稳健性起到了积极作用。

稳健的会计信息是准确评估企业未来现金流量的重要基础，对管理者过度自信所导致的非效率投资行为具有一定的抑制作用。皮努克和莉莉斯（Pinnuck and Lillis，2007）的研究表明，当管理者过度自信导致企业投资出现过度投资倾向时，稳健的会计信息能够对管理者形成一种压力，促使管理者审慎地评估投资项目，及时纠正可能出现的错误投资决策，避免过度投资对企业造成损失。另外，企业内外部的利益相关者也能够根据稳健的会计信息合理地估计企业投资项目的前景，避免被管理者过度乐观的收益预测所误导，从而对管理者过度自信所导致的过度投资进行有效的制约[①]。稳健的会计信息能够避免企业过低的外部融资成本，从而形成对企业自由现金流的约束，从内部可控资源方面抑制过度自信的管理者进行过度投资[②]，同时稳健的会计信息也能使过度自信的管理者避免过高地估计企业的价值，拒绝外部融资，从而抑制投资不足。

除了财务报告，《企业内部控制基本规范》还要求企业对外披露经过审计的内部控制评价报告，这使企业的现有股东和债权人以及潜在股东和债权人也能够及时、全面地了解企业内部控制的整体状况。鉴于内部控制对企业的积极意义，与披露财务报告一致，内部控制评价报告的披露也能起到缓解内外部信息不对称从而抑制非效率投资的作用（如图3-8所示）。

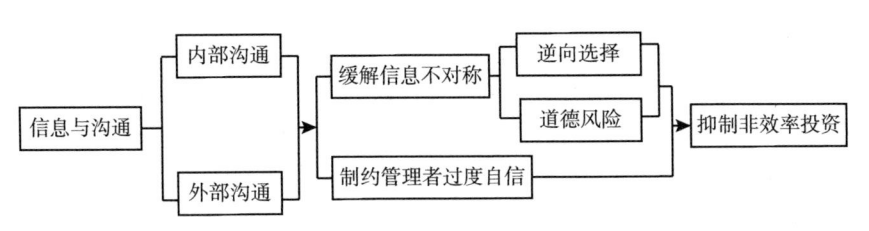

图3-8 信息与沟通抑制非效率投资示意

3.4.5 内部监督与非效率投资

内部监督是内部控制有效运行和优化实施的重要保障，要求对企业内部控制的建立与实施情况进行评价、监督与检查，发现内部控制缺陷并及时加以改进，保证内部控制的有效性。内部监督包括日常监督和专

---

① Ahmed A. S., Duellman S., Accounting Conservatism and Board of Director Characteristics: an Empirical Analysis. Journal of Accounting and Economica, Vol. 43, No. 2-3, 2007, P. 411.
McNichols M. E., Stubben S. R., Does Earnings Management Affect Firms' Investment Decisions? . The Accounting Review, Vol. 83, No. 4, 2008, P. 1571.

② Lambert R. C., Verrecchia L. R., Accounting Information, Disclosure, and the Cost of Capital. Journal of Accountting Research, Vol. 45, No. 3, 2007, P. 385.

项监督两种形式：日常监督是对企业建立与实施内部控制的情况进行常规、持续的监督检查，专项监督是对内部控制某一或某些要素和程序等进行有针对性的监督检查。内部监督还要求企业明确内部审计部门以及相关其他内部机构在内部监督中应具有的权限和应发挥的职责，规范内部监督的要求、方法和程序。

内部监督的主要职能是发现和修正企业的内部控制缺陷。李万福等（2011）的研究表明，企业是否存在内部控制重大缺陷、内部控制重大缺陷的个数与企业的非效率投资正相关。池国华和王钰（2017）的研究也发现企业内部控制缺陷越严重，非效率投资的程度越高。企业的内部审计部门、审计委员会等内部控制监督机构，根据制定的内部控制缺陷认定标准，通过日常监督和专项监督两种形式，及时发现内部控制存在的设计和运行缺陷，并仔细分析缺陷的性质和产生原因，进而提出合理的整改方案，督促并跟踪检查内部控制缺陷的实际整改情况，使内部控制始终保持有效性。另外，内部监督尤其注重对内部控制重大缺陷的处理，对发现的重大缺陷，直接向董事会、监事会等权力机构报告并追究相关责任单位或责任人的责任。

内部监督还要求企业定期对内部控制的有效性进行自我评价，出具内部控制评价报告，并对评价报告进行审计，披露审计报告，这种内部控制信息的对外披露，使得企业更有压力和动力完善内部控制，保证内部控制的高质量（如图 3-9 所示）。

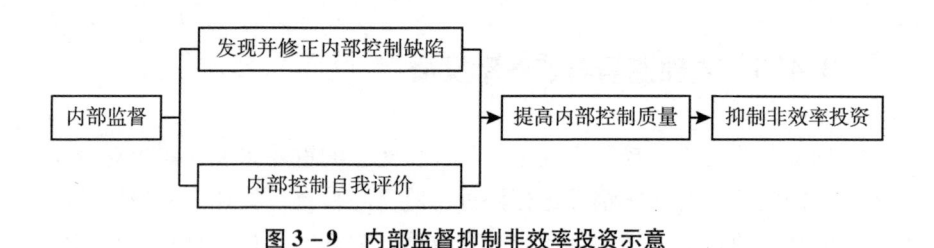

图 3-9　内部监督抑制非效率投资示意

3.5　本章小结

本章首先总结了内部控制的历史演进，从以内部牵制为主的内部控制逐步发展到当前以风险导向为核心的内部控制，其科学性与有效性逐渐提高。其次，本章介绍了我国的内部控制规范体系，当前这一以内部控制基本规范为核心，以内部控制实施指引、评价指引和审计指引为主要组成部分的规范体系，形成了一套完整的内部控制制度，能够对企业的投资实施全面、有效的控制。最后，本章从内部控制的特征、目标和要素三个方面分析了内部控制治理非效率投资的机理，认为内部控制的特征与投资控制相契合，内部控制的目标与非效率投资不相容，内部控制的五大要素能够有效抑制委托代理、信息不对称、管理者过度自信所导致的过度投资和投资不足，提高企业投资效率，为实证研究做理论铺垫。

第4章 内部控制对企业非效率投资影响实证研究

本章在理论分析的基础上提出研究假设,并进行内部控制与非效率投资的实证研究设计,包括样本选取、变量设定、模型构建等,采用描述性统计方法分析我国企业非效率投资与内部控制的现状,采用回归分析方法实证检验内部控制对非效率投资的影响。

4.1 研究假设

4.1.1 内部控制与非效率投资

基于参与人理性前提的委托代理冲突与信息不对称,以及基于参与人非理性的管理者过度自信,是导致企业非效率投资的内在动因。

基于委托代理理论的分析,管理者和大股东为获取控制权私有收益的盲目扩大投资规模行为,以及股东损害债权人利益的"资产替代"行为,会产生过度投资;管理者防御与追求宁静生活的动机既可能导致企业投资不足,也可能会带来过度投资;大股东通过关联交易的"掏空"企业行为也具有两面性,过度投资之后会带来投资不足;大股东地位维护以及规避风险的倾向以及股东针对债权人的收益维护行为也会导致企业投资不足。

基于信息不对称理论的分析,事前信息不对称所产生的潜在股东和债权人的逆向选择会造成企业融资约束,进而导致投资不足,但逆向选择也会给企业不良项目的投资提供资金来源,进而导致过度投资;事后信息不对称所产生的管理者针对股东、大股东针对中小股东的道德风险会导致企业的过度投资与投资不足，债权人面临的来自企业股东的道德风险会导致企业过度投资。

基于管理者过度自信的分析，在现金流充足时，过度自信的管理者倾向于过度投资，而在现金流缺乏时，过度自信的管理者容易拒绝外部融资，从而导致企业投资不足。

企业投资的性质和重要性决定了对投资项目的控制要以完成企业的经营和战略目标为目的，并且需要全员控制、全过程控制和动态控制才能达到控制效果，而内部控制所具有的目的性、全员控制、动态控制、全过程控制的特征契合了对企业投资的控制。另外，非效率投资会影响内部控制的合规、资产安全、财务报告可靠性、经营与战略五大目标的实现，是内部控制的重点控制对象。

内部控制通过内部控制环境建设，能够形成一系列有效的约束和监督的制度安排，包括规范的公司治理结构、合理的机构设置和权责分配、良好的内部审计体系和企业文化等，能够有效缓解股东与管理者、股东与债权人以及大小股东之间的代理冲突，有效制约管理者过度自信的非理性心理；通过准确的风险评估，能够使管理者和股东了解投资项目的真实风险，有效防范管理者、大股东风险偏好以及管理者过度自信的过度投资行为；以风险分析为前提的一系列针对投资的事前、事中和事后的控制活动，内部控制能有效促进企业整个投资过程的优化，及时制止由于各种代理冲突和管理者过度自信所带来的非效率投资行为；通过将信息在企业内部和外部良好的沟通，内部控制能够有效抑制信息不对称所造成的管理者对股东和债权人、大股东对中小股东、股东对债权人的道德风险，以及潜在股东和债权人不利于企业的逆向选择行为，其中稳健的会计信息也能够约束管理者过度自信的非效率投资行为；良好的内部控制监督，能够对内部控制各要素的高质量提供保证，避免内部控制缺陷对投资效率的负面影响。因此，内部控制能够从源头上和投资过程中防止由委托代理冲突和信息不对称以及管理者过度自信所造成的企业过度投资与投资不足，提高企业投资效率（如图4-1所示）。

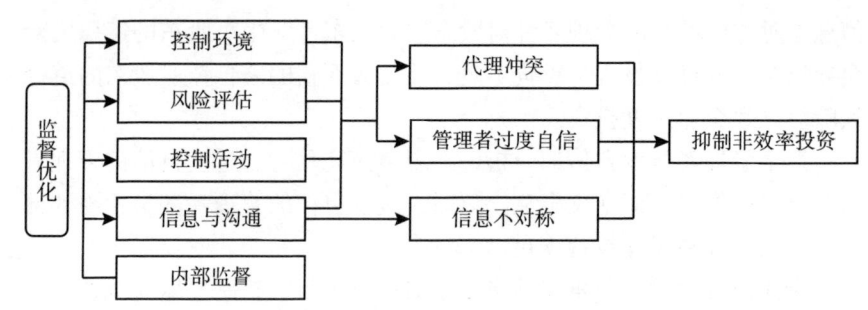

图 4-1 内部控制要素抑制非效率投资示意

因此本书提出如下假设：

H4-1：内部控制对上市公司的非效率投资具有抑制作用，内部控制质量与上市公司非效率投资显著负相关。

H4-2a：内部控制对上市公司的过度投资具有抑制作用，内部控制质量与上市公司过度投资显著负相关。

H4-2b：内部控制对上市公司的投资不足具有抑制作用，内部控制质量与上市公司投资不足显著负相关。

4.1.2 内部控制、自由现金流与非效率投资

自由现金流是过度投资的直接原因，而自由现金流缺乏也会加重投资不足。虽然内部控制中的风险评估、控制活动以及内部信息与沟通的外在结果是通过缓解委托代理与信息不对称以及约束管理者过度自信抑制非效率投资，而实际运作上必须通过对企业现金流的有效控制实现。内部控制质量较高的企业，其现金的持有和利用受到更为严格的程序控制，保证现金使用的高效率，减少由于自由现金流滥用所导致的过度投资。另外，存在风险厌恶的管理者与大股东会因为自由现金流的缺乏而采取更加保守的投资策略，轻易放弃净现值大于零的项目，加重投资不足的产生，而内部控制通过一系列的控制措施能够实现企业现金流的科学合理配置，减少与自由现金流缺乏相关的投资不足。因此本书提出如下假设：

H4-3a：内部控制能够抑制自由现金流滥用所导致的过度投资。

H4-3b：内部控制能够抑制与自由现金流缺乏相关的投资不足。

4.2 样本选取与数据来源

《企业内部控制基本规范》于 2009 年 7 月 1 日起在上市公司范围内全面实行,标志着我国内部控制规范体系的正式实施,2009 年之后,上市公司逐步以《基本规范》为导向,建设和完善企业的内部控制体系,上市公司对《基本规范》的执行情况可以反映到自 2009 年开始的企业相关公司治理和财务数据之中,因此,以 2009 年及以后年份作为进行内部控制对非效率投资影响的研究期间具有较高的可信度和实际意义。本书将样本选择的初始时间设定于 2009 年,样本数据的涵盖期间为 2009~2017 年度。

本书将我国沪深两市 A 股主板上市公司作为研究对象,为更好地进行各年度的指标对比,采用均衡面板数据进行实证分析,并对上市公司进行了以下筛选:

(1) 剔除了 2009~2017 年度存在 ST、*ST 等经营异常的公司;

(2) 迪博内部控制指数舍弃了每年披露相关数据较晚的上市公司,迪博内部控制指数 2009~2017 年度存在缺失情况的公司被剔除;

(3) 为消除极端值的影响以及数据处理的需要,迪博内部控制指数在 2009~2017 年度存在指数为零情况的公司被剔除;

(4) 本书使用的非效率投资的衡量方法需要用到某一年度之前两年的财务数据,而上市公司每年披露的财务数据只要求必须包含上一会计年度的可比数据,2009 年及以后年度新上市的公司将无法计算出 2009~2017 年度连续 9 年的非效率投资,因此,2008 年 12 月 31 日以后新上市的公司被剔除;

(5) 后续针对上市公司产权性质与环保压力分类研究的需要,2009~2017 年度产权性质发生变动以及是否为重污染企业发生变动的上市公司被剔除;

(6) 其他研究中需要的相关数据在 2009~2017 年度缺失的公司也被剔除。

经过以上处理,共得到 869 家上市公司,9 年共 7821 个样本数据。研究所需要的上市公司的基本情况数据、相关财务数据和公司治理数据来自 Wind 数据库，迪博内部控制指数来自深圳迪博内部控制数据库，托宾 Q 值来自 CSMAR 数据库。数据处理及统计使用 SPSS 23.0 软件。

4.3 变量设定

4.3.1 内部控制质量度量

财政部、证监会规定自 2012 度开始我国主板上市公司分批披露内部控制自评报告和审计报告并于 2014 年度实现全部披露，因此上市公司是否披露这两种报告已不能反映出内部控制的质量信息，而且近几年在内部控制自评报告中披露内部控制缺陷（尤其是重要缺陷和重大缺陷）以及被注册会计师给出内部控制非标准审计意见的上市公司所占比例也较小[①]，以内部控制缺陷度量内部控制质量也不能反映上市公司内部控制质量的全貌。另外，由于度量内部控制质量需要企业各个方面的大量信息，依靠个人收集并整理分析既有难度也有很大的局限性，可靠性较差，近几年已少有学者独立设计内部控制指数进行相关研究。鉴于迪博内部控制指数是由政府资助的科研机构设计并完成的，具有较强的综合性、科学性和可靠性，而且已连续发布了超过十年，因此本书采用迪博内部控制指数对上市公司内部控制质量进行度量，将该指数取自然对数作为内部控制质量的代理变量，用 IC 表示。

4.3.2 非效率投资度量

在借鉴理查森（Richardson，2006）非效率投资计量模型的基础上，本书建立模型（4-1）度量企业的非效率投资。

$$Inv_{i,t} = a_0 + a_1 Growth_{i,t-1} + a_2 Inv_{i,t-1} + a_3 LEV_{i,t-1} + a_4 Age_{i,t-1} + a_5 Size_{i,t-1} + a_6 Cash_{i,t-1} + a_7 ROE_{i,t-1} + \sum Ind + \sum Year + \varepsilon_{i,t} \quad (4-1)$$

其中，Inv_t、Inv_{t-1} 为公司 t 年、t-1 年的投资额，借鉴辛清泉

---

① 数据来源：中国上市公司执行企业内部控制规范体系情况分析报告（2013~2017 年）。

(2007)、李万福等（2011）、方红星和金玉娜（2013）、干胜道和胡明霞（2014）等的研究，用固定资产、无形资产和长期股权投资的年度净值改变量与年度平均总资产的比值表示；$Growth_{t-1}$ 代表公司 $t-1$ 年的成长机会，借鉴方红星和金玉娜（2013）、刘焱（2014）、池国华和王钰（2017）、周中胜等（2016）等的研究，用综合反映企业成长状况的市场价值指标托宾 Q 表示；LEV_{t-1} 是公司 $t-1$ 年末的资产负债率；$Size_{t-1}$ 代表公司规模，等于 $t-1$ 年末总资产的自然对数；$Cash_{t-1}$ 代表公司的现金持有量，等于 $t-1$ 年末现金与现金等价物的余额除以年末总资产；Age_{t-1} 是公司截至 $t-1$ 年末的上市年限；借鉴干胜道和胡明霞（2014）、王治等（2015）等的研究，企业的收益率使用公司 $t-1$ 年的净资产收益率（ROE_{t-1}）指标；Ind 为行业虚拟变量；Year 为年度虚拟变量。

使用该模型对样本数据进行回归可以计算出每个样本的回归残差，数值为正的残差代表企业过度投资，数值为负的残差代表企业投资不足，残差绝对值越大，表明非效率投资越严重。正的残差即过度投资变量用 Over_Inv 表示，负的残差的绝对值即投资不足变量用 Under_Inv 表示，所有样本残差的绝对值即非效率投资变量用 Ine_Inv 表示。

4.3.3 控制变量的设置与度量

借鉴张超和刘星（2015）、刘焱（2014）、张横锋（2015）等相关文献中对企业投资效率的影响因素的研究，本书选择以下变量作为研究的控制变量。

1. 企业规模（Size）

用公司总资产的自然对数表示。公司规模是影响企业投资的重要因素，规模越大，意味着公司掌握的资源越多，越不容易产生融资约束，而且公司规模越大，往往对应着财务制度越健全，分工越细致和明确，对投资项目的管理效果会越好。预期公司规模与非效率投资、过度投资、投资不足均负相关。

2. 上市年限（Age）

用公司上市年龄的自然对数表示。上市年龄代表着公司所处的发展阶段，公司在不同的发展阶段所采用的投资策略是不一样的。借鉴李万福等（2011）、刘焱（2014）的观点，成长期的公司有迅速扩张的动机，新增投资通常比较多，而成熟期的公司更可能因为厌恶新增投资项目的高风险而拒绝好的投资项目，衰退期的公司由于企业活力明显下降，资金来源紧张，非效率投资将更多地表现为投资不足。预期上市年限与投资不足正相关，过度投资负相关。

3. 负债水平（LEV）

用公司的资产负债率表示。负债水平越高，意味着融资约束越大，会对过度投资起到一定的抑制作用，也更容易产生投资不足。预期负债水平与过度投资负相关，与投资不足正相关。

4. 实物资产比重（Tan）

这是指固定资产占总资产的比重。公司的厂房、设备等固定资产更容易被外部资金供给者作为违约的代价，这类资产较其他资产更容易通过抵押获得资金，从而提高公司的外部融资能力，增加公司投资的资金来源，所以较高的实务资产比重容易导致过度投资的产生。比德尔等（Biddle，2009）的研究证明了实物资产的比重对过度投资的促进作用。预期实物资产比重与企业的过度投资正相关，与投资不足负相关。

5. 股权集中度（Top1）

用第一大股东的持股比例表示。第一大股东持股比例越高，其控制权就越大，容易导致董事会职能弱化，公司治理结构失衡，控股股东能够通过手中所掌握的控制权控制公司的经营活动，导致企业做出不合理的投资决策。预期股权集中度与非效率投资、过度投资、投资不足均正相关。

6. 盈利能力（ROA）

用公司总资产收益率表示。投资与公司的盈利能力密切相关，当企业盈利较差时，资金相对缺乏，公司难以新增投资，与之相对应，当企业产生较多盈利时，又容易产生过度投资。预期盈利能力与过度投资正相关，与投资不足负相关。

7. 自由现金流（FCF）

自由现金流越充足，企业的过度投资越严重，自由现金流越缺乏，对应企业的投资不足越严重。预期自由现金流与过度投资正相关，与投资不足负相关。

8. 管理费用率（Fees）

管理费用与营业收入的比值。管理费用率通常被用作反映第一类代理问题的代理变量，管理者贪图在职消费等与股东目标不一致的行为会增加企业的管理费用。预期管理费用率与非效率投资、过度投资、投资不足均正相关。

9. 大股东资金占用（Occu）

其他应收款与总资产的比值。大股东资金占用通常被用作反映第二类代理问题的代理变量，将企业的资金违规提供给关联方使用是常见的大股东谋取私利的手段，会计处理时计入其他应收款。预期大股东资金占用与非效率投资、过度投资、投资不足均正相关。

具体实证模型的变量说明如表4-1所示。

表4-1　　　　　　　　实证模型变量说明

变量类型	变量符号	变量名称	变量定义
被解释变量	Ine_Inv	非效率投资	模型（4-1）回归残差的绝对值
	Over_Inv	过度投资	模型（4-1）大于0的回归残差
	Under_Inv	投资不足	模型（4-1）小于0的回归残差绝对值
解释变量	IC	内部控制	迪博内部控制指数的自然对数
控制变量	FCF	自由现金流	（息前税后利润+折旧与摊销-营运资金增加-购建固定资产、无形资产和其他长期资产所支付的现金）/平均总资产
	Size	企业规模	期末总资产的自然对数

续表

变量类型	变量符号	变量名称	变量定义
控制变量	Age	上市年限	截止研究年度年末的上市年限
	LEV	资产负债率	期末负债总额/期末资产总额
	Tan	实物资产比	期末固定资产/期末总资产
	Top1	股权集中度	第一大股东持股比例
	ROA	总资产收益率	息税前利润/平均总资产
	Fees	管理费用率	管理费用/营业收入
	Occu	大股东占款	其他应收款/期末总资产
	Ind	行业	行业虚拟变量（2012年证监会标准）
	Year	年份	年度虚拟变量

4.4 模型构建

为验证内部控制对非效率投资整体水平、过度投资、投资不足的影响，本书构建模型（4-2）对样本数据进行回归分析。

$$\text{Ine\_Inv}_{i,t}/\text{Over\_Inv}_{i,t}/\text{Under\_Inv}_{i,t} = \beta_0 + \beta_1 \text{IC}_{i,t} + \beta_2 \text{FCF}_{i,t} + \beta_3 \text{Size}_{i,t}$$
$$+ \beta_4 \text{Age}_{i,t} + \beta_5 \text{LEV}_{i,t} + \beta_6 \text{Tan}_{i,t}$$
$$+ \beta_7 \text{Top1}_{i,t} + \beta_8 \text{ROA}_{i,t} + \beta_9 \text{Fees}_{i,t}$$
$$+ \beta_{10} \text{Occu}_{i,t} + \sum \text{Ind} + \sum \text{Year} + \varepsilon_{i,t}$$
$$(4-2)$$

为验证内部控制对自由现金流过度投资与投资不足的影响，本书构建模型（4-3）对样本数据进行回归分析。

$$\text{Over\_Inv}_{i,t}/\text{Under\_Inv}_{i,t} = \beta_0 + \beta_1 \text{IC}_{i,t} + \beta_2 \text{FCF}_{i,t} + \beta_3 \text{IC}_{i,t} \times \text{FCF}_{i,t}$$
$$+ \beta_4 \text{Size}_{i,t} + \beta_5 \text{Age}_{i,t} + \beta_6 \text{LEV}_{i,t} + \beta_7 \text{Tan}_{i,t}$$
$$+ \beta_8 \text{Top1}_{i,t} + \beta_9 \text{ROA}_{i,t} + \beta_{10} \text{Fees}_{i,t} + \beta_{11} \text{Occu}_{i,t}$$
$$+ \sum \text{Ind} + \sum \text{Year} + \varepsilon_{i,t} \quad (4-3)$$

4.5 非效率投资度量模型回归结果分析

对模型（4-1）进行全样本的 OLS 回归分析，回归结果见表 4-2。从表 4-2 可以看出，模型（4-1）整体回归效果较好，拟合优度较高，解释变量 Growth 与被解释变量在 1% 的水平上显著正相关，其他控制变量也均对被解释变量具有显著影响，均在 1% 的水平上显著相关。

表 4-2　　　　　模型（4-1）回归结果

变量名称	系数	T 值	显著性（Sig.）
截距	-0.099***	-2.942	0.003
Growth	0.009***	6.734	0.000
$Inv_{i,t-1}$	0.063***	5.094	0.000
LEV	0.027***	3.124	0.002
Age	-0.011***	-2.507	0.012
Size	0.006***	4.440	0.000
Cash	-0.044***	-3.349	0.001
ROE	0.081***	3.265	0.001
Ind	控制		
Year	控制		
Adj R^2	0.029		

注：*、**、*** 分别表示 10%、5%、1% 的显著性水平。

对模型（4-1）回归所得到的 7821 个残差进行汇总分析，表 4-3、图 4-1 反映了各年度以及总样本期间过度投资与投资不足的样本数量及占比。

表 4-3　　各年度与总样本期间过度投资与投资不足样本构成

年度	过度投资		投资不足	
	数量（个）	比重（%）	数量（个）	比重（%）
2009	302	34.8	567	65.2

续表

年度	过度投资		投资不足	
	数量（个）	比重（%）	数量（个）	比重（%）
2010	281	32.3	588	67.7
2011	288	33.1	581	66.9
2012	298	34.3	571	65.7
2013	297	34.2	572	65.8
2014	321	36.9	548	63.1
2015	287	33.0	582	67.0
2016	291	33.5	578	66.5
2017	289	33.3	580	66.7
合计	2654	33.9	5167	66.1

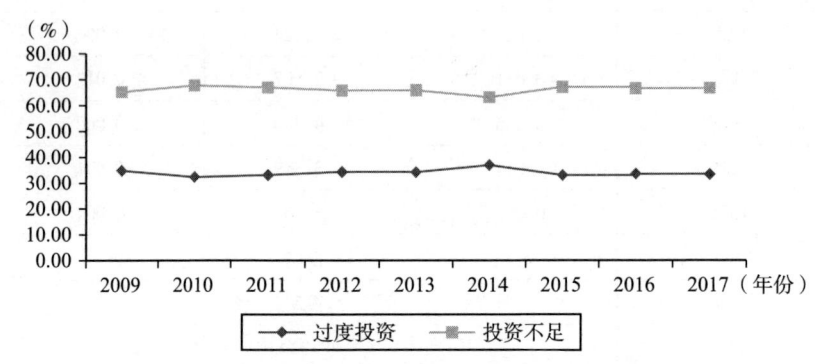

图4-2 各年度过度投资与投资不足样本构成

总样本期间过度投资的样本共有2654个，占33.9%，投资不足的样本共有5167个，占66.1%，可见，我国上市公司投资不足较过度投资更容易发生，与张功富和宋献中（2009）、方红星和金玉娜（2013）、池国华等（2016）等的研究结果一致。每一年度过度投资与投资不足样本基本均衡，过度投资样本占比均在40%以下，投资不足样本占比均在60%以上。过度投资比重最小值为32.3%，投资不足比重最大值为67.7%，出现在2010年；过度投资最大值为36.9%，投资不足最小值为63.1%，出现在2014年。

4.6 描述性统计分析

表 4-4 为模型（4-2）变量全样本（非效率投资）描述性统计分析。样本公司非效率投资的均值为 0.5580，中位数为 0.3567，最大值达到 14.5505，表明我国上市公司存在比较严重的非效率投资现象，最小值为 0.0003，标准差为 0.8285，表明上市公司之间非效率投资的差异很大。内部控制质量均值为 6.5195，最大值为 6.9031，最小值为 2.1939，中位数为 6.5318，揭示了我国上市公司之间内部控制质量存在明显差异，存在若干内部控制建设非常薄弱的公司。自由现金流的均值为 -0.0006，中位数为 0.012，最大值为 1.2637，最小值为 -5.6327，上市公司之间自由现金流水平差异很大，而且总体水平较低。企业规模的均值为 22.4762，最大值为 28.5087，最小值也达到了 19.1871，上市公司的企业规模普遍较大。资产负债率均值为 51.38%，中位数为 52.53%，最大值为 99.47%，表明我国上市公司整体的债务水平较高。第一大股东的持股比例均值为 36.66%，中位数为 34.94%，最大值为 86.35%，表明我国上市公司整体的股权集中度较高。管理费用率最大值为 2.1867，最小值为 0.0022，大股东资金占用的最大为 0.4390，最小值接近于 0，表明我国上市公司股东与管理者的代理冲突和大小股东的代理冲突均存在较大差异。实物资产比的均值为 0.2493，中位数为 0.2045，最大值为 0.9709，说明上市公司实物资产占企业总资产的比重普遍较大。

表 4-4 全样本描述性统计

变量名称	均值	中位数	最大值	最小值	标准差
Ine_Inv	0.5580	0.3567	14.5505	0.0003	0.8285
IC	6.5195	6.5318	6.9031	2.1939	0.1570
FCF	-0.0006	0.012	1.2637	-5.6327	0.1280
Size	22.4762	22.3082	28.5087	19.1781	1.3424
Age	2.6490	2.7081	3.2581	0.6931	0.3277

续表

变量名称	均值	中位数	最大值	最小值	标准差
LEV	0.5138	0.5253	0.9947	0.0071	0.1904
Tan	0.2493	0.2054	0.9709	0.0000	0.1904
Top1	0.3666	0.3494	0.8635	0.0362	0.1592
ROA	0.0625	0.0529	0.6300	-0.3748	0.0575
Fees	0.0841	0.0663	2.1867	0.0022	0.0898
Occu	0.0185	0.0090	0.4390	0.0000	0.0290

表4-5为模型（4-2）过度投资与投资不足样本描述性统计分析，第一栏为过度投资，第二栏为投资不足。过度投资的均值为0.8183，中位数为0.4165，最大值为14.5505，投资不足的均值为0.4233，中位数为0.3419，最大值为6.7605，虽然投资不足较过度投资更加普遍，但就非效率投资的严重程度而言，过度投资较投资不足的整体程度更加严重。过度投资样本中内部控制质量的均值为6.5249，投资不足样本中内部控制质量的均值为6.5167，无明显差异。过度投资样本中自由现金流的均值为0.0117，投资不足样本中自由现金流的均值为-0.0069，发生过度投资的上市公司对应着较多的自由现金流，或者说自由现金流较多的公司更容易发生过度投资。

表4-5　　　　过度投资与投资不足样本描述性统计

A栏：过度投资（样本量：2654）					
变量名称	均值	中位数	最大值	最小值	标准差
Over_Inv	0.8183	0.4165	14.5505	0.0003	1.2512
IC	6.5249	6.5343	6.8910	5.1362	0.1385
FCF	0.0117	0.0212	1.0344	-0.5217	0.1134
Size	22.6020	22.4659	27.9552	19.1893	1.2659
Age	2.6459	2.7081	3.2581	0.6931	0.3196
LEV	0.5110	0.5217	0.9478	0.0318	0.1776
Tan	0.3058	0.2749	0.9393	0.0003	0.1892
Top1	0.3568	0.3366	0.8523	0.0362	0.1572

续表

A 栏：过度投资（样本量：2654）					
变量名称	均值	中位数	最大值	最小值	标准差
ROA	0.0673	0.0579	0.5241	-0.1344	0.0555
Fees	0.0861	0.0704	1.7785	0.0028	0.0815
Occu	0.0162	0.0080	0.3855	0.0000	0.0274
B 栏：投资不足（样本量：5167）					
变量名称	均值	中位数	最大值	最小值	标准差
Under_Inv	0.4233	0.3419	6.7605	0.0006	0.4228
IC	6.5167	6.5303	6.9031	2.1939	0.1657
FCF	-0.0069	0.0086	1.2637	-5.6327	0.1345
Size	22.4111	22.2010	28.5087	19.1781	1.3760
Age	2.6506	2.7081	3.2581	0.6931	0.3319
LEV	0.5152	0.5272	0.9947	0.0071	0.1967
Tan	0.2200	0.1780	0.9709	0.0000	0.1843
Top1	0.3717	0.3550	0.8635	0.0362	0.1600
ROA	0.0600	0.0500	0.6300	-0.3748	0.0583
Fees	0.0830	0.0646	2.1867	0.0022	0.0938
Occu	0.0197	0.0096	0.4390	0.0000	0.0297

另外，过度投资样本中实物资产比的均值为 0.3058，中位数为 0.2749，投资不足样本中实物资产比均值为 0.2200，中数为 0.1780，发生过度投资的上市公司对应着较高的实物资产比。其他变量在两组样本中不存在明显差异。

4.7 内部控制与非效率投资模型回归结果分析

表 4-6 为全样本、过度投资和投资不足样本变量相关系数矩阵。

表 4-6 变量相关系数矩阵

A 栏：非效率投资

变量名称	Ine_Inv	IC	FCF	Size	Age	LEV	Tan	Top1	ROA	Fees
IC	-0.021*	1								
FCF	0.008	0.022**	1							
Size	-0.011	0.299***	0.023**	1						
Age	-0.015	-0.150***	0.032**	-0.076***	1					
LEV	0.001	0.031**	-0.002	0.411***	0.019	1				
Tan	0.217***	-0.020	0.097***	0.089***	-0.132***	-0.031**	1			
Top1	0.059***	0.108***	0.042***	0.294***	-0.153***	0.077***	-0.060***	1		
ROA	0.078***	0.349***	0.107***	0.056***	-0.075***	-0.250***	-0.030***	0.106***	1	
Fees	0.046***	-0.140***	-0.005	-0.276***	0.097***	-0.280***	-0.080***	-0.145***	-0.098***	1
Occu	-0.001	-0.070***	-0.050***	-0.080***	0.043***	0.085***	-0.190***	-0.097***	-0.079***	0.087***

B 栏：过度投资

变量名称	Over_Inv	IC	FCF	Size	Age	LEV	Tan	Top1	ROA	Fees
IC	-0.002*	1								
FCF	0.094***	-0.005	1							
Size	0.036*	0.314***	-0.012	1						
Age	-0.009	-0.160***	0.097***	-0.069***	1					
LEV	0.067***	0.062***	0.015	0.390***	-0.015	1				

续表

B栏：过度投资

变量名称	Over_Inv	IC	FCF	Size	Age	LEV	Tan	Top1	ROA	Fees
Tan	0.270***	0.000***	0.017	0.215***	-0.158***	0.152***	1			
Top1	0.137***	0.104***	0.054**	0.286***	-0.169***	0.101***	0.110***	1		
ROA	0.149***	0.318***	0.117***	0.037*	-0.070***	-0.250***	-0.070***	0.112***	1	
Fees	-0.005	-0.160***	0.048**	-0.274***	0.106***	-0.250***	-0.160***	-0.125***	-0.085***	1
Occu	-0.055**	-0.044**	0.013	-0.114***	0.061***	0.073***	-0.170***	-0.096***	-0.030	0.067***

C栏：投资不足

变量名称	Under_Inv	IC	FCF	Size	Age	LEV	Tan	Top1	ROA	Fees
IC	-0.077***	1								
FCF	-0.143***	0.029*	1							
Size	-0.126***	0.291***	0.031**	1						
Age	-0.027*	-0.150***	0.006	-0.079***	1					
LEV	-0.083***	0.019	-0.008	0.422***	0.035**	1				
Tan	0.095***	-0.037**	0.116***	0.009	-0.122***	-0.120***	1			
Top1	-0.003	0.112***	0.042**	0.304***	-0.146***	0.065***	0.056***	1		
ROA	-0.028*	0.362***	0.098***	0.059***	-0.077***	-0.250***	-0.035***	0.107***	1	
Fees	0.127***	-0.130***	-0.027*	-0.279***	0.093***	-0.290***	-0.050***	-0.154***	-0.105***	1
Occu	0.112***	-0.080***	-0.060***	-0.059***	0.034**	0.089***	-0.190***	-0.102***	-0.096***	0.097***

注：*、**、*** 分别表示10%、5%、1%的显著性水平。

从表4-6中可以看到，内部控制与非效率投资、过度投资的相关系数为负，在10%的水平上显著，内部控制与投资不足的相关系数为负，在1%的水平上显著，假设H4-1、H4-2a和H4-2b初步得到证明。另外，各组样本中所有变量的相关系数均小于0.5，这表明各组变量不存在严重的多重共线性问题。

为了避免多重共线性对回归结论的影响，进一步以VIF（方差膨胀因子）对全样本、过度投资和投资不足样本进行多重共线性检验，具体数据见表4-7，结果显示各组样本中各变量的VIF值均没有超过2，说明多重共线性问题并不影响本书的研究结论。

表4-7　　　　　　　　各样本多重共线性检验

变量名称	非效率投资	过度投资	投资不足
IC	1.274	1.272	1.279
FCF	1.028	1.040	1.028
Size	1.485	1.481	1.500
Age	1.069	1.094	1.063
LEV	1.434	1.369	1.490
Tan	1.089	1.133	1.097
Top1	1.135	1.139	1.144
ROA	1.294	1.271	1.311
Fees	1.175	1.159	1.191
Occu	1.072	1.066	1.074

表4-8为内部控制对非效率投资影响的回归结果。内部控制与非效率投资的回归系数为-0.249，且在1%的水平上显著，内部控制质量与非效率投资显著负相关，内部控制能够显著抑制上市公司的非效率投资，内部控制质量越高，非效率投资改善效果越好，验证假设H4-1。

表4-8　　　　　内部控制对非效率投资影响回归结果

变量名称	预期符号	系数	T值	Sig.
截距		1.674***	3.461	0.001

续表

变量名称	预期符号	系数	T值	Sig.
IC	-	-0.249***	-3.289	0.001
FCF	?	-0.168**	-2.057	0.040
Size	-	-0.022**	-2.200	0.028
Age	?	0.085**	2.343	0.019
LEV	?	0.314***	4.793	0.000
Tan	?	1.052***	18.727	0.000
Top1	+	0.321***	4.682	0.000
ROA	?	1.852***	9.072	0.000
Fees	+	0.792***	6.398	0.000
Occu	+	1.094***	2.987	0.003
Ind	控制			
Year	控制			
Adj R^2	0.071			

注：*、**、*** 分别表示10%、5%、1%的显著性水平。

企业规模与非效率投资在1%的水平上显著负相关，与预期符号一致，企业规模越大，非效率投资越不严重。股权集中度与非效率投资在1%的水平上显著正相关，与预期符号一致，较高的股权集中度导致了投资的低效率。反映股东与管理者代理冲突的管理费用率指标、反映大股东与中小股东代理冲突的大股东占款指标与非效率投资均在1%的水平上显著正相关，与预期符号均一致，反映出两类代理问题导致了上市公司投资效率的降低。

表4-9为内部控制对过度投资、投资不足影响的回归结果。内部控制与过度投资、投资不足的回归系数分别为-0.466和-0.104，且均在5%的水平上显著，内部控制质量与过度投资和投资不足均呈显著负相关关系，内部控制能够显著抑制上市公司的过度投资和投资不足，验证假设H4-2a和H4-2b。

表 4-9　　内部控制对过度投资与投资不足影响回归结果

变量名称	过度投资			投资不足		
	预期符号	系数	T 值	预期符号	系数	T 值
截距		2.814**	2.075		1.466***	5.019
IC	−	−0.466**	−2.158	−	−0.104**	−2.320
FCF	+	0.571**	2.469	−	−0.464***	−9.528
Size	−	−0.060**	−2.299	−	−0.024***	−3.950
Age	−	0.261***	2.814	+	−0.013	−0.578
LEV	+	0.738***	4.297	+	−0.029	−0.713
Tan	+	1.896***	13.126	−	0.302***	8.260
Top1	+	0.869***	4.985	+	0.129**	2.996
ROA	+	4.526***	8.620		0.134	1.052
Fees	+	1.044***	3.077	+	0.448***	5.973
Occu	+	−0.679	−0.702	+	1.676***	7.462
Ind		控制			控制	
Year		控制			控制	
Adj R^2		0.129			0.073	

注：*、**、*** 分别表示 10%、5%、1% 的显著性水平。

自由现金流与过度投资的回归系数为 0.571，在 5% 的水平上显著，自由现金流与过度投资显著正相关，与预期符号一致，自由现金流越多，过度投资越严重。自由现金流与投资不足的回归系数为 −0.464，在 1% 的水平上显著，与预期符号一致，自由现金流与投资不足显著负相关，自由现金流越少，投资不足越严重。

企业规模与过度投资和投资不足分别在 5% 和 1% 的水平上显著负相关，与预期符号均一致。股权集中度与过度投资和投资不足均在 1% 的水平上显著正相关，与预期符号均一致。管理费用率指标与过度投资和投资不足均在 1% 的水平上显著正相关，与预期符号均一致。

另外，ROA 与过度投资在 1% 的水平上显著正相关，与预期符号一致，但 ROA 对投资不足的影响不显著，企业绩效的提高并没有起到抑制投资不足的作用。大股东占款指标与投资不足在 1% 的水平上显著正相关，与预期符号一致，但对过度投资的影响不显著。

实物资产比与过度投资在1%的水平上显著正相关，与预期符号一致，在过度投资样本组，较高的实物资产比加重了过度投资的产生，但实物资产比与投资不足也在1%的水平上显著正相关，与预期符号不一致，在投资不足样本组，较高的实物资产比也会导致投资不足的产生。

上市年限与过度投资在1%的水平上显著正相关，与预期符号不一致，上市年限对投资不足的影响不显著。可见，上市时间越长企业越倾向于投资不足的假设并不成立，而上市时间越长，公司掌握的资源越丰富，过度投资越严重，也许是更为合理的解释。

资产负债率与过度投资在1%的水平上显著正相关，与预期符号不一致，对投资不足的影响不显著。高资产负债率不但没有起到抑制过度投资作用，反而加重了过度投资，或许可以这样认为，过度投资的公司往往对应着较高的负债水平。

表4-10为内部控制对自由现金流过度投资和投资不足影响的回归结果。无论是过度投资还是投资不足的样本，内部控制与自由现金流交乘项的系数均不显著，整体上，内部控制对自由现金流过度投资和投资不足没有起到显著的治理作用，假设H4-3a和H4-3b没有得到证明。

表4-10　　　内部控制对自由现金流过度投资与投资不足影响回归结果

变量名称	过度投资		投资不足	
	系数	T值	系数	T值
截距	2.895**	2.089	1.425***	4.839
IC	-0.475**	-2.132	-0.097**	-2.137
FCF	2.620	0.201	-3.458	-1.287
IC×FCF	-0.314	-0.157	0.464	1.114
Size	-0.059**	-2.243	-0.025***	-3.976
Age	0.261***	2.755	-0.013	-0.597
LEV	0.738***	4.255	-0.027	-0.671
Tan	1.894***	13.094	0.301***	8.233

续表

变量名称	过度投资		投资不足	
	系数	T值	系数	T值
Top1	0.865 ***	4.945	0.128 ***	2.975
ROA	4.556 ***	8.644	0.124	0.970
Fees	1.036 ***	3.048	0.448 ***	5.983
Occu	-0.690	-0.712	1.666 ***	7.412
Ind	控制		控制	
Year	控制		控制	
Adj R^2	0.127		0.073	

注：*、**、*** 分别表示 10%、5%、1% 的显著性水平。

4.8 稳健性检验

借鉴杨金和池国华（2016）、罗斌元（2017）、周晓苏等（2015）、许立志（2017）等的研究，将模型（4-1）代表企业增长（Growth）指标的托宾Q值替换为营业收入增长率进行回归，结果见表4-11。模型（4-1）整体回归效果依然较好，拟合优度也较高，解释变量 Growth 与被解释变量在 5% 的水平上显著正相关，其他控制变量除负债水平（LEV）外也均对被解释变量具有显著影响。

表4-11　　　　模型（4-1）稳健性检验回归结果

变量名称	系数	T值	显著性（Sig.）
截距	0.002	0.051	0.960
Growth	-0.001 **	-1.977	0.048
$Inv_{i,t-1}$	0.065 ***	5.198	0.000
LEV	0.012	1.389	0.165
Age	-0.012 ***	-2.740	0.006
Size	0.002 *	1.861	0.063
Cash	-0.039 ***	-2.979	0.003

续表

变量名称	系数	T值	显著性（Sig.）
Roe	0.133***	5.538	0.000
Ind	控制		
Year	控制		
Adj R²	0.023		

注：*、**、*** 分别表示 10%、5%、1% 的显著性水平。

通过模型（4-1）回归获得反映非效率投资的残差作为模型（4-2）的被解释变量进行回归，结果见表 4-12。内部控制对非效率投资总体水平以及过度投资、投资不足均起到显著的抑制作用，分别在 1%、5%、5% 的水平上显著，与本章 4.7 节的实证结果完全一致。各控制变量对非效率投资的影响均显著，变量的系数符号与表 4-8 完全一致，只是自由现金流（FCF）、大股东占款（Occu）系数的显著性水平有所降低。各控制变量与过度投资、投资不足的系数在符号和显著性上与表 4-9 完全一致。以上结果说明了本章实证研究的稳健性较强。

表 4-12　内部控制对非效率投资影响稳健性检验回归结果

变量名称	非效率投资		过度投资		投资不足	
	系数	T值	系数	T值	系数	T值
截距	1.815***	3.744	3.327**	2.418	1.626***	5.648
IC	-0.259***	-3.409	-0.562**	-2.556	-0.106**	-2.405
FCF	-0.141*	-1.722	0.541**	2.332	-0.432***	-8.983
Size	0.025**	-2.511	-0.054**	-2.042	-0.030***	-4.901
Age	0.084**	2.329	0.272**	2.912	-0.016	-0.703
LEV	0.326***	4.966	0.718***	4.117	-0.021	-0.529
Tan	1.052***	18.684	1.911***	13.002	0.307***	8.560
Top1	0.321***	4.669	0.783***	4.452	0.138***	3.256
ROA	1.783***	8.717	4.714***	8.812	-0.071	-0.563
Fees	0.713***	5.746	1.008***	3.191	0.336***	4.392

续表

变量名称	非效率投资		过度投资		投资不足	
	系数	T值	系数	T值	系数	T值
Occu	0.851**	2.318	-0.818	-0.837	1.357***	6.132
Ind	控制		控制		控制	
Year	控制		控制		控制	
Adj R^2	0.069		0.127		0.069	

注：*、**、*** 分别表示 10%、5%、1% 的显著性水平。

通过模型（4-1）回归获得反映非效率投资的残差作为模型（4-3）被解释变量进行回归，结果见表4-13。内部控制与自由现金流交乘项的系数在过度投资样本中不显著，与表4-10一致，而在投资不足样本中，该系数为正，且在10%的水平上显著，反映内部控制能够抑制与自由现金流缺乏相关的投资不足。与4.7节的实证结果相比，得出了更为积极的结论。

表4-13　　　内部控制对自由现金流过度投资与投资不足影响稳健性检验回归结果

变量名称	过度投资		投资不足	
	系数	T值	系数	T值
截距	3.258**	2.351	1.569***	5.415
IC	-0.554**	-2.506	-0.096**	-2.164
FCF	5.595	0.462	-4.912*	-1.813
IC×FCF	-0.776	-0.417	0.694*	1.654
Size	-0.053**	-2.025	-0.030***	-4.931
Age	0.274***	2.930	-0.016	-0.734
LEV	0.711***	4.065	-0.019	-0.473
Tan	1.911***	12.997	0.305***	8.507
Top1	0.786***	4.464	0.137***	3.228
ROA	4.715***	8.812	-0.085	-0.678
Fees	1.009***	3.193	0.338***	4.422
Occu	-0.835	-0.853	1.339***	6.048
Adj R^2	0.126		0.069	

4.9 本章小结

本章在理论分析的基础上提出内部控制对非效率投资、过度投资与投资不足影响的研究假设,选取我国沪深两市869家A股主板上市公司为研究对象,采用2009~2017年度的均衡面板数据,使用理查森(Richardson,2006)模型度量非效率投资,使用迪博中国上市公司内部控制指数作为内部控制质量的衡量指标,构建实证研究模型,采用描述性统计与回归分析方法,实证检验了企业内部控制对非效率投资的影响。研究结果表明:我国上市公司非效率投资普遍存在,而且投资不足较过度投资更加普遍;内部控制能够有效抑制上市公司的非效率投资,进一步将非效率投资区分为过度投资与投资不足,抑制作用均显著;内部控制能够在一定程度上抑制与自由现金流缺乏相关的投资不足,对于自由现金流滥用而导致的过度投资抑制作用不明显。本章的研究结论说明了我国自2009年实施的企业内部控制规范体系已在治理企业非效率投资方面发挥了重要作用。

第5章 内部控制对不同产权性质企业非效率投资影响差异研究

本章在理论分析的基础上提出研究假设,并进行相关实证研究设计,然后采用描述性统计方法分析我国不同产权性质企业非效率投资与内部控制的现状,采用回归分析方法实证检验内部控制对不同产权性质企业非效率投资的影响差异。

5.1 理论分析与研究假设

5.1.1 国有企业与民营企业内部控制对非效率投资影响差异

产权,也就是对财产的所有权,这里的所有权含义广泛,应包含归属、占有、支配、使用四项具体权利。现代产权理论①以交易费用为出发点进行分析,认为如果市场的交易费用为零,产权性质的差异不会影响企业的资源配置效率,无论企业的产权如何界定,都能够通过市场交易实现最优的资源配置,但在现实世界中交易费用是大于零的,企业也是一种不完备契约的联合体,这种不完备性决定了对于目标企业来说,谁拥有所有权很重要,产权性质的差异会导致企业公司治理结构等各方面的差异,进而影响资源的配置效率。

明晰的产权最重要的属性是具有排他性,即产权主体的对外排斥性或者对特定权利的垄断性,特定财产的特定权利只能归属于单一主体。

---

① 以美国经济学家科斯(Coase)为代表,主要体现在科斯的第一、第二、第三定理中。

如果一项财产的产权没有明确的归属，多个主体可以对财产进行占有和支配，那么如果某个主体想使用该项财产，或避免他人使用该项财产对自己带来负面效应，就必须和该项财产所有的占有主体进行谈判，会产生很高的交易费用，而如果该项财产的产权明确归属于某一特定的主体，不需要和其他对象进行谈判，交易费用就会大大降低，资产使用效率则会大大提高。明晰的产权赋予了产权主体对所属财产明确的使用权和收益分配权，产权主体为从财产利用中获取最大的收益，必然要合理配置资源，对财产形成合理、高效的利用，所以明晰的产权具有激励产权主体实现最优资源配置的功能。

现代产权理论[1]认为，公有产权意味着任何成员都有权分享与财产的所有权相关的各项权利，成本和收益存在不对称性，难以排除利益的"搭便车"现象，在产权共同体内由于所有者众多，利益多元化，要达成一个最优行动的谈判成本很高，是无效率的产权形式；而私有产权是将财产的支配、使用以及收益的分配权界定给一个特定的人，他可以不受任何约束、采取任何一种他认为合适的方式来支配、使用或者转让这些资源，是高效率的产权形式

我国民营企业为私有产权，责任主体明确，以追求自身价值最大化为目标，自主进行经营管理决策，较少受到来自政府部门的干预，经营失败的结果由股东自己承担。国有企业为公有产权，以政府为代表行使权力，有较弱的排他性和可转让性，责任主体往往不够明确，而且经营目标中包含着政府赋予的多重任务，不能只考虑经济目的，还承担了提高税收、扩大就业、保持社会稳定等社会性职能[2]，经营失败也往往是由国家"买单"。因此，民营企业控制风险的意愿更强，会更加谨慎地进行投资决策，根据市场环境的变化和公司发展的实际需要，不断强化内部控制建设以及注重内部控制作用的充分发挥，防范各种风险，抑制非效率投资。因此，本书提出如下假设：

H5-1：相比于国有企业，民营企业内部控制对非效率投资的抑制作用更强。

---

① 以英国经济学家马丁和帕克（Martin and Parker）等为代表，通过理论与实证研究证明了私有产权的优越性。

② 林毅夫、刘明兴、章奇：《政策性负担与企业的预算软约束：来自中国的实证研究》，载于《管理世界》2004年第8期，第87页。

国资委以及各级地方政府部门是国有企业产权的直接代表人，他们虽然拥有对企业的控制权但却没有剩余索取权，导致国有企业产权主体虚位，"实际所有人"缺失，从而使得国有企业的管理者面临较弱的监督和约束，形成了事实上的"内部人控制"现象。"内部人控制"的直接后果就是国有企业管理者拥有较大的权力，包括较大的投资决策权，当投资能受管理者"摆布"时，内部控制机制在抑制非效率投资时就容易失去作用，仅发挥"装饰性功能"①。而在民营企业中，股东拿自己的钱进行投资，投资失败将直接导致自身财富的损失，因而对管理者有很强的监督积极性，能较好地解决股东与管理者之间的代理问题②，甚至大股东会与管理者共同制定较大的投资决策，管理者的权力受到较大约束，内部控制能更好地发挥作用。

我国国有企业不存在一个完善的公司控制权市场，国有股权的性质使得其被并购的风险很低，即使国有企业因投资失误出现较差的经营绩效，被恶意收购的威胁也基本不存在，相反国有企业管理者却可以在扩大投资的过程中，控制更多的资源从而获取更大的私有收益，而且还可能会因为生产规模的扩大获得政绩从而带来职务的升迁，因此，国有企业的管理者具有强烈的过度投资的动机。虽然民营企业的管理者也会从投资规模扩大中获得相应的利益，但投资失败时其面临的风险很大，进行过度投资的动机相对较小。因此，与国有企业相比，民营企业内部控制抑制过度投资的效果较好。

负债的特点决定了如果企业不能按时偿还债务本息，则企业的控制权可能将归债权人所有，因此，负债能够增加管理者的经营压力以及使管理面临更多的监控，具有减少过度投资发生的相机治理作用③④⑤。然而，我国国有企业的负债主要来自银行贷款，而其中国有银行的贷款占

---

① 干胜道、胡明霞：《管理层权力、内部控制与过度投资——基于国有上市公司的证据》，载于《审计与经济研究》2014年第5期，第46页。

② 李青原、陈超：《最终控制人性质、会计信息质量与公司投资效率》，载于《经济评论》2010年第2期，第88页。

③ 童盼、陆正飞：《负债融资、负债来源与企业投资行为——来自中国上市公司的经验证据》，载于《经济研究》2005年第5期，第75页。

④ 何源、白莹、文翘翘：《负债融资、大股东控制与企业过度投资行为》，载于《系统工程》2007年第3期，第61页。

⑤ Jensen M. C., Agency Costs of Free Cash Flow, Corporate Finance and Takeovers. The American Economic Review, Vol. 76, No. 2, 1986, P. 323.

很大一部分。国有企业和国有银行都是政府的下属部门，终极控制人均为政府，这种产权的同源性使得国有企业不是真正的债务人，国有银行对国有企业的债权实际上是政府对企业的股权，这会导致国有银行放松甚至放弃对国有企业的监管，管理者进行过度投资的压力减小，导致负债在一定程度上失去了对国有企业过度投资的治理作用[1]，这也导致国有企业内部控制对过度投资的抑制效果较差。因此，本书提出如下假设：

H5-2：相比于国有企业，民营企业内部控制对过度投资的抑制作用更强。

尽管民营企业进行内部控制建设以及发挥内部控制作用的积极性更强，但民营企业与国有企业相比却存在较强的外部融资约束，而融资约束是导致企业投资不足的重要外部因素[2][3][4]。政府是国有企业的实际控制人，国有企业的高管同政府部门也保持着密切联系，这种政治关系为国有企业提供了一种隐性担保，使得国有企业较易获得银行尤其是国有银行的信贷资金，面临的外部融资环境较好。而在我国现有的制度环境下，民营企业在外部融资中通常会受到不公正的待遇，当国家优先把信贷配给国有企业后，民营企业获得的仅仅是剩余资源，处于劣势地位，民营企业融资难已成为一个不争的事实，而且在货币政策趋于紧缩时，民营企业面临的融资约束更强。较强的外部融资约束，使得民营企业时常面对"无米之炊"，即使拥有高质量的内部控制，对投资不足的抑制作用也较弱。因此，本书提出如下相对立的假设：

H5-3a：相比于国有企业，民营企业内部控制对投资不足的抑制作用更强。

H5-3b：相比于民营企业，国有企业内部控制对投资不足的抑制作用更强。

自由现金流作为过度投资的直接原因以及投资不足的重要原因，高

---

[1] 柳建华：《银行负债、预算软约束与企业投资》，载于《南方经济》2006年第9期，第100页。

[2] 魏锋、刘星：《融资约束、不确定性对公司投资行为的影响》，载于《经济科学》2004年第2期，第35页。

[3] 张宗益、郑志丹：《融资约束与代理成本对上市公司非效率投资的影响——基于双边随机边界模型的实证度量》，载于《管理工程学报》2012年第2期，第119页。

[4] 杨金、池国华：《融资约束下内部控制对投资不足的治理效应》，载于《中南财经政法大学学报》2016年第6期，第68页。

质量的内部控制通过对自由现金流的管理和控制能够抑制企业的过度投资和投资不足。上述所分析的国有和民营企业内部控制对过度投资和投资不足的影响差异，也必然反映到内部控制对自由现金流所导致的过度投资和投资不足的影响上。因此，本书提出如下假设：

H5 – 4：相比于国有企业，民营企业内部控制对自由现金流过度投资的抑制作用更强。

H5 – 5a：相比于国有企业，民营企业内部控制对自由现金流投资不足的抑制作用更强。

H5 – 5b：相比于民营企业，国有企业内部控制对自由现金流投资不足的抑制作用更强。

5.1.2 中央国有企业与地方国有企业内部控制对非效率投资影响差异

我国的国有企业按级别可分为中央国有企业（中央政府控制的国有企业，简称中央国企）和地方国有企业（地方政府控制的国有企业，简称地方国企）。首先，两类国企在投资行为上受到的政府监管力度存在差异。中央国企主要涉及重大基础设施建设和重要自然资源开采等关系国民经济命脉的行业和领域，在国有经济布局和国有企业改革中居于战略核心地位，其财务决策和经营状况受到中央部委的严格监管；地方国企所受到的来自地方政府的监管相对较弱，地方政府为了提高政府官员的政绩，过分看重 GDP 指标，甚至有鼓励地方国企过度投资的倾向。唐雪松（2010）研究发现地方政府的干预会导致地方国企的过度投资，且在 GDP 增长业绩表现越差时，政府的干预动机越强烈，这就严重制约了内部控制在企业投资方面作用的有效发挥。其次，国家层面上的法律监管制度和公共治理措施通常会率先在中央国企中实施，并被较好地示范执行，内部控制规范体系的实施也不例外，因此，可以认为中央国企内部控制建设的积极性更高、效果更好；而地方政府部门则更多地模仿和跟随中央国企来推动地方国企的内部控制建设，使得地方国企的内部控制建设要比中央国企"慢半拍"，内部控制整体水平较中央国企要低。综上所述，与地方国企相比，中央国企内部控制在抑制非效率投资方面的效果更好，本书提出如下假设：

H5-6：相比于地方国企，中央国企内部控制对非效率投资的抑制作用更强。

H5-7a：相比于地方国企，中央国企内部控制对过度投资的抑制作用更强。

H5-7b：相比于地方国企，中央国企内部控制对投资不足的抑制作用更强。

H5-8a：相比于地方国企，中央国企内部控制对自由现金流过度投资的抑制作用更强。

H5-8b：相比于地方国企，中央国企内部控制对自由现金流投资不足的抑制作用更强。

5.2 研究设计

本书对上市公司的产权性质主要是基于上市公司的终极控制人是否为国有进行界定：如果上市公司的终极控制人为国资委、各级政府部门和各级国有企业，则被确定为国有上市公司；如果上市公司的终极控制人为自然人、乡镇企业或民营企业，则被确定为非国有上市公司。这样，在选定的869家上市公司中，中央国企共有169家，占比19.4%；地方国企共有423家，占比48.7%；民营企业共有277家，占比31.9%。

为验证上述假设，本书使用模型（4-2）、模型（4-3）对样本数据进行回归分析。

5.3 描述性统计分析

将模型（4-1）回归所获得的反映非效率投资的残差分产权性质及非效率投资类型进行汇总分析。表5-1和图5-1显示了各年度以及总样本期间各类产权性质企业过度投资与投资不足的样本数量及比重。地方国企在总样本期间过度投资样本占自身总样本的比重为34.5%，高于中央国企和民营企业，相对应的投资不足样本比重最小，说明地方国企在三类企业中最容易发生过度投资，最不容易发生投资不足。中央国企在总样本期间投资不足样本占自身总样本的比重为66.8%，高于地方国企和民营企业，相对应的过度投资样本比重最小，说明中央国企在三类企业中最容易发生投资不足，最不容易发生过度投资，但中央国企的两项比重与民营企业相比只差0.3个百分点，差异较小。

表5-1 各类产权性质企业各年度与总样本期间过度投资与投资不足样本构成

年度	中央国企				地方国企				民营企业			
	过度投资		投资不足		过度投资		投资不足		过度投资		投资不足	
	数量（个）	比重（%）	数量（个）	比重（%）	数量（个）	比重（%）	数量（个）	比重（%）	数量（个）	比重（%）	数量（个）	比重（%）
2009	58	34.3	111	65.7	156	36.9	267	63.1	88	31.8	189	68.2
2010	61	36.1	108	63.9	134	31.7	289	68.3	86	31	191	69
2011	54	32	115	68	138	32.6	285	67.4	96	34.7	181	65.3
2012	58	34.3	111	65.7	155	36.6	268	63.4	85	30.7	192	69.3
2013	51	30.2	118	69.8	152	35.9	271	64.1	94	33.9	183	67.1
2014	60	35.5	109	64.5	153	36.2	270	63.8	108	39	169	61
2015	54	32	115	68	136	32.2	287	67.8	97	35	180	65
2016	52	30.8	117	69.2	149	35.2	274	64.8	90	32.5	187	67.5
2017	57	33.7	112	66.3	141	33.3	282	66.7	91	32.9	186	67.1
合计	505	33.2*	1016	66.8*	1314	34.5*	2493	65.5*	835	33.5*	1658	66.5*

注：*代表此数值百分比是其所占该类型企业总样本的份额。

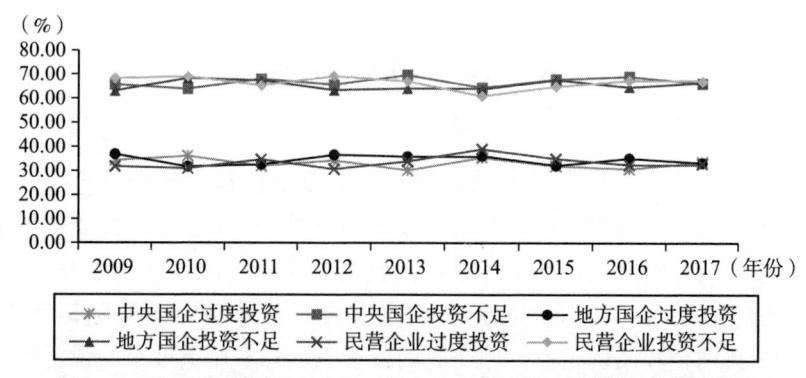

图5-1 各类产权性质上市公司各年度过度投资与投资不足样本构成

从各年度来看，地方国企在 2009 年、2012 年、2013 年、2016 年过度投资样本占自身总样本的比重在三类企业中最大，不存在比重最小的年度；中央国企只有 2010 年、2017 年过度投资样本占自身总样本的比重在三类企业中最大，而 2011 年、2013 年、2014 年、2015 年、2016 年比重最小。中央国企在 2011 年、2013 年、2014 年、2015 年投资不足样本占自身总样本的比重在三类企业中最大，只有 2010 年、2017 年比重最小；地方国企在 2009 年、2012 年、2013 年、2016 年投资不足样本占自身总样本的比重在三类企业中最小，无比重最大的年度。虽然民营企业无论是过度投资样本还是投资不足样本在总样本期间占自身总样本的比重均居于三类企业的中间位置，但在 2011 年、2014 年、2015 年过度投资样本占自身比重在三类企业中最大，在 2009 年、2010 年、2012 年、2017 年投资不足样本占自身比重在三类企业中最大，民营企业的非效率投资情况也很严重。

表 5-2 和图 5-2 显示了各年度以及总样本期间各类产权性质企业内部控制指数的均值。在总样本期间，中央国企内部控制指数的均值为 6.5421，在三类企业中最高，地方国企次之，为 6.5162，民营企业最低，作为由政府推动实施的企业内部控制规范体系，国有企业尤其是中央国企起到了应有的示范建设作用，内部控制整体水平较高。从各年度分析，除 2015 年外，中央国企企业内部控制质量均是最高的，地方国企在 2009 年、2010 年、2011 年、2013 年、2014 年、2017 年六个年度均居于第二位，民营企业仅在 2015 年居于首位，但内部控制指数的均值与中央国企和地方国企相差并不大，在 2012 年居于第二位，其他年度均为最低。

表 5-2　各类产权性质上市公司内部控制指数各年度与总样本期间均值

年度	中央国企	地方国企	民营企业
2009	6.5748	6.5551	6.5380
2010	6.5806	6.5631	6.5472
2011	6.5691	6.5498	6.5417
2012	6.5661	6.5022	6.5288
2013	6.5308	6.5004	6.4801

续表

年度	中央国企	地方国企	民营企业
2014	6.4985	6.4636	6.4597
2015	6.4749	6.4789	6.4792
2016	6.5263	6.5055	6.5177
2017	6.5578	6.5268	6.5036
总样本期间	6.5421	6.5162	6.5107

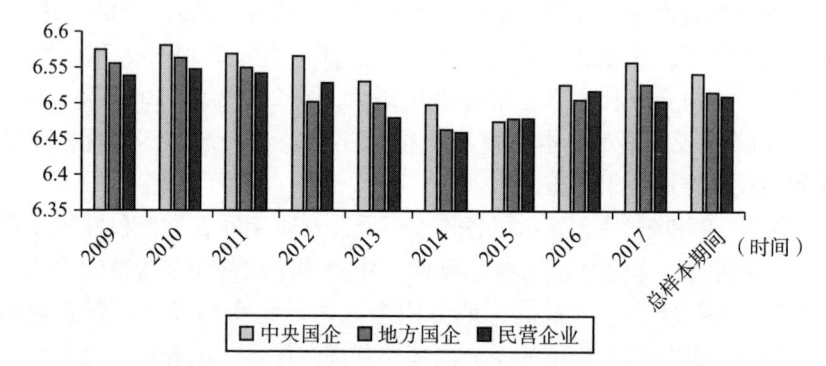

图 5-2　各类产权性质上市公司内部控制指数各年度与总样本期间均值

表 5-3 为全样本（非效率投资）分产权性质变量的描述性统计分析。在非效率投资方面，地方国企非效率投资的均值为 0.5724，在三类企业中最严重，民营企业为 0.5707，但与地方国企有相差不大，中央国企最低，为 0.5011，与地方国企和民营企业有较大差异。地方国企非效率投资的标准差为 0.9163，大大高于民营企业的 0.7961 和中央国企的 0.6217，地方国企之间非效率投资水平的差异在三类企业中最大。另外，地方国企内部控制指数的标准差为 0.1773，在三类企业中最大，中央国企和民营企业内部控制指数的标准差分别为 0.1387 和 0.1311，两者相差不大，地方国企之间内部控制质量的差异在三类企业中最大。

地方国企自由现金流均值为 0.0016，而中央国企与民营企业自由现金流的均值均为负值，地方国企自由现金流最为充足，反映出地方国企受到的融资约束最弱。企业规模上，中央国企企业规模的均值最大，地方国企次之，民营企业最小，民营企业近年来发展迅速，但从平均规模上与国有企业还存在差距。中央国企具有最大的股权集中度，地方国企次之，民营企业最小，民营企业的股权结构更加分散。地方国企具有最大的资产负债率，这也在一定程度说明了地方国企受到地方政府较大的信贷支持，融资约束最弱，中央国企的资产负债率居中，民营企业的资产负债率最低，反映出民营企业的融资约束最强。民营企业的总资产收益率（ROA）最高，经营效果最好，地方国企次之，中央国企最低。反映第一类与第二类代理问题的管理费用率指标和股东占款指标民营企业都是最高的，管理者与股东、大股东与中小股东的代理冲突最为严重。国有企业由于"所有者虚位""内部人控制"等原因，两类代理冲突都较轻，尤其中央国企两项指标均为最低。

表 5-3　　　　　　　　全样本分产权性质描述性统计

A 栏：中央国企					
变量名称	均值	中位数	最大值	最小值	标准差
Ine_Inv	0.5011	0.3262	5.0741	0.0005	0.6217
IC	6.5421	6.5426	6.9031	5.7151	0.1387
FCF	-0.0018	0.0100	0.2697	-0.5566	0.0902
Size	22.9312	22.6029	28.5087	19.6399	1.6809
Age	2.5805	2.6391	3.2581	0.6931	0.3864
LEV	0.5153	0.5282	0.8859	0.0373	0.1942
Tan	0.2884	0.2262	0.8597	0.0003	0.2173
Top1	0.4071	0.4149	0.8635	0.1035	0.1492
ROA	0.0570	0.0493	0.3146	-0.2080	0.0506
Fees	0.0710	0.0647	0.4833	0.0022	0.0482
Occu	0.0160	0.0087	0.2512	0.0001	0.0233
B 栏：地方国企					
变量名称	均值	中位数	最大值	最小值	标准差
Ine_Inv	0.5724	0.3619	14.5505	0.0006	0.9163
IC	6.5162	6.5315	6.8920	2.1939	0.1773
FCF	0.0016	0.0122	1.2637	-0.6035	0.1049
Size	22.5408	22.4073	26.9609	19.2957	1.2104

续表

B栏：地方国企					
变量名称	均值	中位数	最大值	最小值	标准差
Age	2.6707	2.7081	3.2581	0.6931	0.3233
LEV	0.5279	0.5414	0.9947	0.4721	0.1834
Tan	0.2614	0.2245	0.9709	0.0002	0.1944
Top1	0.3872	0.3686	0.8492	0.0718	0.1580
ROA	0.0607	0.0520	0.0633	-0.3400	0.0558
Fees	0.0785	0.0633	1.7785	0.0022	0.0695
Occu	0.0167	0.0078	0.4390	0.0000	0.0275
C栏：民营企业					
变量名称	均值	中位数	最大值	最小值	标准差
Ine_Inv	0.5707	0.3658	12.2415	0.0003	0.7961
IC	6.5107	6.5252	6.8814	5.3208	0.1311
FCF	-0.0032	0.0138	0.7775	-5.6327	0.1721
Size	22.1001	22.0539	27.1388	19.1781	1.1919
Age	2.6577	2.7081	3.2581	1.0986	0.2876
LEV	0.4914	0.5012	0.9478	0.0071	0.1963
Tan	0.2068	0.1772	0.8517	0.0000	0.1558
Top1	0.3104	0.2839	0.8523	0.0362	0.1518
ROA	0.0685	0.0576	0.5241	-0.3748	0.0632
Fees	0.1006	0.0720	2.1867	0.0024	0.1269
Occu	0.0229	0.0111	0.3855	0.0000	0.0334

表5-4为三类企业过度投资样本主要变量的描述性统计分析。在过度投资样本中，中央国企内部控制指数在三类企业中仍然最高，而民营企业内部控制指数略高于地方国企。在过度投资方面，地方国企过度投资最严重，民营企业次之，中央国企最低。民营企业自由现金流最多，地方国企次之，中央国企最少。

表 5-4　过度投资样本分产权性质主要变量描述性统计

企业类型	变量名称	均值	中位数	最大值	最小值	标准差
中央国企	Over_Inv	0.7222	0.3968	5.0741	0.0005	0.8767
	IC	6.5539	6.5476	6.8910	5.7448	0.1311
	FCF	-0.0008	0.0138	0.2697	-0.3873	0.1059
地方国企	Over_Inv	0.8843	0.3968	14.5505	0.0022	1.4264
	IC	6.5174	6.5476	6.8673	5.1362	0.1455
	FCF	0.0123	0.0138	1.0344	-0.5271	0.1051
民营企业	Over_Inv	0.7732	0.3983	12.2415	0.0003	1.1413
	IC	6.5191	6.5318	6.8638	5.6925	0.1292
	FCF	0.0182	0.0269	0.7775	-0.5065	0.1288

表 5-5 为三类企业投资不足样本主要变量的描述性统计分析。在投资不足样本中，中央国企内部控制指数在三类企业中最高，地方国企内部控制指数高于民营企业。在投资不足方面，民营企业投资不足最严重，地方国企次之，中央国企最低。民营企业自由现金流最少，地方国企次之，中央国企最多，三类企业均为负值。

表 5-5　投资不足样本分产权性质主要变量描述性统计

企业类型	变量名称	均值	中位数	最大值	最小值	标准差
中央国企	Under_Inv	0.3899	0.3106	4.3363	0.0017	0.3975
	IC	6.5363	6.5379	6.9031	5.7151	0.1421
	FCF	-0.0023	0.0094	0.2111	-0.5566	0.0812
地方国企	Under_Inv	0.4076	0.3426	4.4400	0.0006	0.3604
	IC	6.5156	6.5318	6.8920	2.1939	0.1920
	FCF	-0.0041	0.0087	1.2637	-0.6035	0.1044
民营企业	Under_Inv	0.4676	0.3607	6.7605	0.0025	0.5123
	IC	6.5064	6.5222	6.8814	5.3208	0.1319
	FCF	-0.0140	0.0082	0.3816	-5.6327	0.1895

5.4 回归结果分析

表 5-6 为非效率投资、过度投资、投资不足样本分产权性质的多重共线性检验，显示各组样本中各变量的 VIF 值均不超过 2.2，表明多重共线性问题不影响本书的研究结论。

表 5-6　　各样本分产权性质多重共线性检验

变量名称	非效率投资			过度投资			投资不足		
	中央国企	地方国企	民营企业	中央国企	地方国企	民营企业	中央国企	地方国企	民营企业
IC	1.616	1.185	1.400	1.549	1.210	1.302	1.661	1.182	1.470
FCF	1.081	1.043	1.016	1.141	1.040	1.058	1.083	1.053	1.016
Size	2.161	1.346	1.557	2.148	1.350	1.480	2.193	1.376	1.631
Age	1.267	1.046	1.111	1.289	1.076	1.135	1.268	1.038	1.112
LEV	1.438	1.411	1.595	1.486	1.331	1.508	1.464	1.497	1.663
Tan	1.288	1.062	1.081	1.392	1.092	1.072	1.271	1.111	1.110
Top1	1.360	1.115	1.108	1.355	1.156	1.115	1.377	1.115	1.114
ROA	1.289	1.297	1.451	1.243	1.278	1.379	1.327	1.327	1.512
Fees	1.225	1.157	1.259	1.231	1.131	1.245	1.261	1.192	1.281
Occu	1.111	1.067	1.080	1.121	1.068	1.094	1.108	1.075	1.072

表 5-7 为内部控制对非效率投资影响的分产权性质回归结果。民营企业内部控制与非效率投资的回归系数为 -0.534，在 1% 的水平上显著，中央国企内部控制与非效率投资的回归系数为 -0.292，且在 5% 的水平上显著，而地方国企内部控制与非效率投资的回归系数不显著，表明民营企业与中央国企内部控制能够显著抑制企业的非效率投资，地方国企内部控制对企业的非效率投资没有起到显著的抑制作用。因此，民营企业内部控制对非效率投资的抑制作用要强于国有企业，假设 H5-1 得到证明，与王治等（2015）的研究结论一致，而与袁晓波

(2013)、周中胜等(2016)的研究结论不一致;中央国企内部控制对非效率投资的抑制作用也强于地方国企,假设 H5-6 得到证明,与孙慧和程柯(2013)的研究结论一致,而与王治等(2015)的研究结论不一致。前期对于产权性质差异所引起的内部对非效率投资影响差异的研究,得出的结论并不一致,应该与所选定的样本期间有一定关系,时间跨度最长为 6 年,最晚截至 2012 年①,本书的选定的样本期间为 9 年,且截至 2017 年,研究结论更能客观反映内部控制规范实施以来的实际结果。

表 5-7　　　　内部控制与非效率投资分产权性质回归结果

变量名称	中央国企		地方国企		民营企业	
	系数	T 值	系数	T 值	系数	T 值
截距	1.350	1.345	0.533	0.770	3.318***	3.273
IC	-0.292**	-1.966	-0.136	-1.364	-0.534***	-3.233
FCF	-0.930***	-4.716	-0.259	-1.647	-0.003	-0.033
Size	-0.012	-0.746	-0.003	-0.211	-0.021	-1.070
Age	0.150***	2.855	-0.010	-0.190	0.236***	3.328
LEV	0.296***	3.077	0.467***	4.432	0.095	0.834
Tan	0.954***	10.996	1.193***	13.967	0.959***	8.173
Top1	-0.077	-0.571	0.604***	5.605	0.214*	1.760
ROA	0.633	1.643	2.028***	6.133	2.000***	5.941
Fees	0.613	1.583	0.999***	4.012	0.598***	3.850
Occu	2.336***	3.015	0.856	1.419	0.702	1.278
Ind	控制		控制		控制	
Year	控制		控制		控制	
Adj R^2	0.106		0.088		0.058	

注:*、**、*** 分别表示 10%、5%、1% 的显著性水平。

---

① 王治、张皎洁、郑琦:《内部控制质量、产权性质与企业非效率投资——基于我国上市公司面板数据的实证研究》,载于《管理评论》2015 年第 9 期,第 95 页。

表 5-8 为内部控制对过度投资影响的分产权性质回归结果。民营企业内部控制与过度投资的回归系数为 -0.817，在 5% 的水平上显著，中央国企与地方国企中内部控制与过度投资的回归系数不显著，表明民营企业内部控制能够显著抑制企业过度投资，而中央国企与地方国企内部控制对企业过度投资均没有起到显著的抑制作用，假设 H5-2 得到证明，假设 H5-7a 未得到证明。

表 5-8　　　内部控制与过度投资分产权性质回归结果

变量名称	中央国企		地方国企		民营企业	
	系数	T 值	系数	T 值	系数	T 值
截距	0.255	0.100	1.251	0.602	4.351*	1.803
IC	-0.103	-0.253	-0.297	-0.937	-0.817**	-2.124
FCF	-0.872**	-2.096	0.680*	1.703	1.078***	3.239
Size	-0.047	-1.119	-0.044	-1.040	-0.024	-0.523
Age	0.378***	2.714	0.147	1.056	0.422**	2.483
LEV	0.615**	2.198	0.946***	3.393	0.336	1.176
Tan	1.626***	7.227	2.195***	9.637	1.525***	5.578
Top1	-0.071	-0.215	1.526***	5.468	0.463	1.556
ROA	0.822	0.804	4.574***	5.159	5.093***	6.610
Fees	0.688	0.799	1.247**	2.316	0.822*	1.658
Occu	2.135	0.876	-0.954	-0.642	-1.616	-1.105
Ind	控制		控制		控制	
Year	控制		控制		控制	
Adj R^2	0.141		0.153		0.131	

注：*、**、*** 分别表示 10%、5%、1% 的显著性水平。

另外，在民营企业和地方国企中，自由现金流与过度投资呈显著正相关关系，而中央国企中自由现金流与过度投资却呈现显著负相关关系，中央国企自由现金流并没有导致过度投资的产生，说明中央国企在自由现金流的使用方面更为谨慎。

中央国企和地方国企资产负债率与过度投资均显著正相关，民营企业资产负债率与过度投资的回归系数不显著，负债不但没有起到对国有企业过度投资的相机治理作用，还在一定程度上促进了过度投资的发生。

表5-9为内部控制对投资不足影响的分产权性质回归结果。中央国企内部控制与投资不足的回归系数为-0.361，在1%的水平上显著，地方国企内部控制与投资不足的回归系数为-0.06，在10%的水平上显著，中央国企内部控制对投资不足的抑制作用强于地方国企，民营企业中内部控制与投资不足的回归系数不显著，民营企业内部控制对投资不足没有起到显著的抑制作用，假设H5-3b得到证明，民营企业所面对的融资约束问题严重制约了内部控制对投资不足抑制作用的发挥，民营企业自身更强的通过加强内部控制建设抑制投资不足的积极性没有显示出良好的效果，另假设H5-7b也得到了证明。在三类企业中，自由现金流与投资不足均呈显著负相关关系。

表5-9　　　　　内部控制与投资不足分产权性质回归结果

变量名称	中央国企		地方国企		民营企业	
	系数	T值	系数	T值	系数	T值
截距	2.721***	3.423	0.878***	2.737	2.179***	2.740
IC	-0.361***	-2.906	-0.060*	-1.735	-0.135	-1.038
FCF	-0.850***	-4.879	-0.747***	-9.705	-0.282***	-3.826
Size	-0.007	-0.561	-0.015*	-1.878	-0.052***	-3.421
Age	-0.030	-0.772	-0.014	-0.505	0.069	1.253
LEV	0.134	1.616	-0.030	-0.588	-0.091	-1.038
Tan	0.404***	5.551	0.279***	6.454	0.301***	3.113
Top1	-0.027	-0.256	0.284***	5.425	0.123	1.300
ROA	0.444	1.499	0.295*	1.848	-0.245	-0.906
Fees	0.209	0.621	0.406***	2.977	0.350***	3.162
Occu	2.420***	4.292	1.385***	4.642	1.531***	3.726
Ind	控制		控制		控制	
Year	控制		控制		控制	
Adj R^2	0.08		0.101		0.075	

注：*、**、***分别表示10%、5%、1%的显著性水平。

表 5-10 为内部控制对自由现金流过度投资影响的分产权性质回归结果。民营企业内部控制与自由现金流交乘项的回归系数为 -7.865，在 1% 的水平上显著，表明民营企业内部控制对自由现金流滥用导致的过度投资起到显著的抑制作用。地方国企内部控制与自由现金流交乘项的回归系数不显著，地方国企内部控制对自由现金流滥用导致的过度投资没有起到显著的抑制作用。中央国企自由现金流与过度投资的系数显著为负，自由现金流与中央国企过度投资不存在正相关关系，内部控制与自由现金流交乘项的回归系数显著为正，内部控制也就谈不上起到了相应的抑制作用。假设 H5-4 得到证明，假设 H5-8a 未得到证明。

表 5-10　内部控制、自由现金流与过度投资分产权性质回归结果

变量名称	中央国企		地方国企		民营企业	
	系数	T 值	系数	T 值	系数	T 值
截距	0.567	0.224	1.637	0.780	3.263	1.343
IC	-0.085	-0.210	-0.338	-1.068	-0.733**	-2.003
FCF	-58.645**	-2.521	-28.949	-1.316	52.323***	2.723
IC × FCF	8.836**	2.484	4.544	1.347	-7.865***	-2.666
Size	-0.062	-1.459	-0.047	-1.140	-0.029	-0.634
Age	0.346**	2.493	0.119	0.867	0.451***	2.691
LEV	0.718***	2.557	0.984***	3.532	0.207	0.776
Tan	1.585***	7.074	2.188***	9.615	1.453***	5.328
Top1	-0.101	-0.310	1.525***	5.479	0.495*	1.672
ROA	0.684	0.672	4.654***	5.253	5.123***	6.704
Fees	0.600	0.701	1.240**	2.305	0.757	1.546
Occu	1.832	0.756	-1.003	-0.675	-1.998	-1.370
Ind	控制		控制		控制	
Year	控制		控制		控制	
Adj R^2	0.152		0.154		0.14	

注：*、**、*** 分别表示 10%、5%、1% 的显著性水平。

表5-11为内部控制对自由现金流投资不足影响的分产权性质回归结果。地方国企内部控制与自由现金流交乘项的回归系数为1.374，在5%的水平上显著，民营企业内部控制与自由现金流交乘项的回归系数为1.398，在10%的水平上显著，地方国企与民营企业内部控制对与自由现金流缺乏相关的投资不足均起到显著的抑制作用，而地方国企的抑制作用更强。中央国企内部控制与自由现金流交乘项的回归系数不显著，内部控制对与自由现金流缺乏相关的投资不足没有起到显著的抑制作用。假设H5-5b部分得到证明，假设H5-8b未得到证明，中央国企在面对自由现金流缺乏的投资不足时，内部控制未能实现对现金流的进一步合理配置，没有起到应有的抑制作用。

表5-11 内部控制、自由现金流与投资不足分产权性质回归结果

变量名称	中央国企		地方国企		民营企业	
	系数	T值	系数	T值	系数	T值
截距	2.945 ***	3.601	0.796 **	2.474	1.920 **	2.375
IC	-0.412 ***	-3.094	-0.046	-1.021	-0.078	-0.599
FCF	7.732	1.127	-9.686 ***	-2.683	-9.272 *	-1.705
IC×FCF	-1.319	-1.250	1.374 **	2.476	1.398 *	1.653
Size	-0.003	-0.219	-0.015 *	-1.901	-0.055 ***	-3.781
Age	-0.024	-0.529	-0.015	-0.555	0.056	1.100
LEV	0.116	1.369	-0.026	-0.502	-0.082	-0.941
Tan	0.402 ***	5.501	0.284 ***	6.574	0.294 ***	3.040
Top1	-0.031	-0.294	0.278 ***	5.326	0.129	1.367
ROA	0.469	1.572	0.265 *	1.660	-0.288	-1.058
Fees	0.221	0.652	0.419 ***	3.068	0.346 ***	3.128
Occu	2.474 ***	4.359	1.291 ***	4.299	1.583 ***	3.870
Ind	控制		控制		控制	
Year	控制		控制		控制	
Adj R^2	0.077		0.103		0.076	

注：*、**、***分别表示10%、5%、1%的显著性水平。

5.5 实证结果汇总

表 5-12 为本章实证研究结果的汇总,其中,"普遍程度"项目用过度投资或投资不足样本占自身总样本比例反映,"严重程度"项目用非效率投资、过度投资、投资不足变量的均值反映,"内控质量""自由现金流"项目也以各变量的均值反映。通过综合分析可以进一步得出以下结论:在三类企业中,中央国企有着最低的非效率投资、过度投资和投资不足严重程度,内部控制质量也最高,然而内部控制只对中央国企的投资不足起到显著抑制作用,对过度投资的抑制作用不显著,综合中央国企和地方国企来看,内部控制也是只对国有企业的投资不足起到显著抑制作用,对过度投资的抑制作用不显著,而民营企业正好相反,内部控制对民营企业过度投资起到显著抑制作用,对投资不足的抑制作用不显著,这一结果非常明显地体现出了融资约束对内部控制与非效率投资关系的影响,融资约束使得民营企业更易发生投资不足,并且内部控制对其抑制作用也更弱,而国有企业的预算软约束使得国有企业具有较多的自由现金流,内部控制对过度投资的抑制作用更弱。

表 5-12 本章实证结果汇总

投资类型	项目	中央国企	地方国企	民营企业
全样本(非效率投资)	严重程度	最小	最大	居中
	内控质量	最大	居中	最小
	自由现金流	居中	最大	最小
	内控影响	5%显著	不显著	1%显著
过度投资样本组	普遍程度	最小	最大	居中
	严重程度	最小	最大	居中
	内控质量	最大	最小	居中
	内控影响	不显著	不显著	5%显著
	内控与自由现金流	相反显著	不显著	1%显著

续表

投资类型	项目	中央国企	地方国企	民营企业
投资不足样本组	普遍程度	最大	最小	居中
	严重程度	最小	居中	最大
	内控质量	最大	居中	最小
	内控影响	1%显著	10%显著	不显著
	内控与自由现金流	不显著	5%显著	10%显著

另外，民营企业内部控制能够显著抑制自由现金流滥用导致的过度投资和与自由现金流缺乏相关的投资不足，显示出对现金流管理的有效性。地方国企内部控制只能显著抑制与自由现金流缺乏相关的投资不足，对自由现金流导致的过度投资抑制作用不显著，反映出地方国企对现金流管理的偏向性，在自由现金流充足的情况下，地方国企内部控制对现金流并没有发挥应有的管理作用。中央国企自由现金流与过度投资不存在正相关关系，内部控制也未能显著抑制与自由现金流缺乏相关的投资不足。

5.6 稳健性检验

用营业收入增长率作为反映模型（4-1）企业增长（Growth）的指标所计算出的非效率投资的残差进行本章的回归分析，结果见表5-13，可以看出，主要实证研究结果与本章5.5节无明显差异，说明了本章实证研究的稳健性。

表 5-13 稳健性检验回归结果

投资类型	产权性质	IC		FCF		IC × FCF		Adj R^2
		系数	T值	系数	T值	系数	T值	
非效率投资	中央国企	-0.298**	-2.008	-0.962***	-4.880			0.116
	地方国企	-0.132	-1.327	-0.227	-1.446			0.086
	民营企业	-0.581***	-3.501	0.026	0.244			0.055

续表

投资类型	产权性质	IC		FCF		IC × FCF		Adj R²
		系数	T值	系数	T值	系数	T值	
过度投资	中央国企	-0.054	-0.140	-1.014**	-2.418			0.147
		0.051	0.131	-24.952	-1.493	3.670	1.433	0.150
	地方国企	-0.246	-0.779	0.622	1.564			0.150
		-0.351	-1.092	-27.222	-1.233	4.276	1.262	0.151
	民营企业	-1.12***	-2.977	1.038***	3.104			0.135
		-0.877**	-2.156	54.745***	2.837	-8.248***	-2.785	0.143
投资不足	中央国企	-0.435***	-3.318	-0.819***	-4.701			0.085
		-0.436***	-3.272	-0.333	-0.040	-0.075	-0.058	0.083
	地方国企	-0.058*	-1.715	-0.702***	-9.214			0.100
		-0.044	-0.999	-9.749***	-2.734	1.390**	2.538	0.103
	民营企业	-0.103	-0.824	-0.254***	-3.525			0.065
		-0.059	-0.468	-10.415*	-1.932	1.580*	1.885	0.067

注：*、**、*** 分别表示10%、5%、1%的显著性水平。

5.7 本章小结

本章将上市公司按产权性质分为中央国有企业、地方国有企业和民营企业三类，通过治理结构、融资约束等角度的理论分析，提出了不同产权性质企业内部控制对非效率投资、过度投资与投资不足影响差异的研究假设，并进行了实证检验（如图5-3所示）。

研究结果表明：中央国企内部控制质量最高，非效率投资水平最低。内部控制能够有效抑制中央国企和民营企业的非效率投资，对地方国企非效率投资的抑制作用不显著，而且民营企业内部控制对非效率投资的抑制作用强于中央国企。区分过度投资样本和投资不足样本，内部控制能够有效抑制民营企业的过度投资，对国有企业过度投资的抑制作

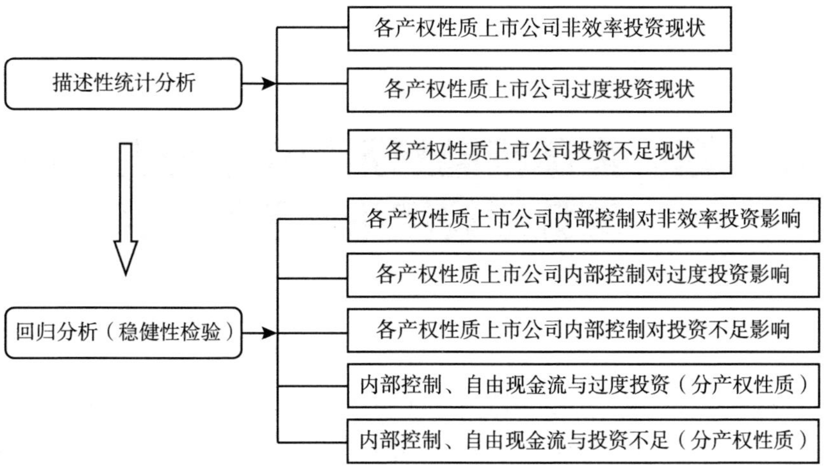

第5章 内部控制对不同产权性质企业非效率投资影响差异研究

```
描述性统计分析 ─┬─ 各产权性质上市公司非效率投资现状
                ├─ 各产权性质上市公司过度投资现状
                └─ 各产权性质上市公司投资不足现状

回归分析（稳健性检验）─┬─ 各产权性质上市公司内部控制对非效率投资影响
                      ├─ 各产权性质上市公司内部控制对过度投资影响
                      ├─ 各产权性质上市公司内部控制对投资不足影响
                      ├─ 内部控制、自由现金流与过度投资（分产权性质）
                      └─ 内部控制、自由现金流与投资不足（分产权性质）
```

图 5-3 本章实证研究结构

用不显著；内部控制能够有效抑制中央国企和地方国企的投资不足，而且中央国企强于地方国企，对民营企业投资不足的抑制作用不显著。民营企业更注重对现金流的控制，内部控制能够有效抑制自由现金流滥用所导致的过度投资和与自由现金流缺乏相关的投资不足，国有企业中只见地方国企内部控制对与自由现金流缺乏相关的投资不足产生显著的抑制作用。

第6章 内部控制对不同环保压力企业非效率投资影响差异研究

本章在理论分析的基础上提出研究假设,并进行相关实证研究设计,采用描述性统计方法分析我国不同环保压力企业非效率投资与内部控制的现状,采用回归分析方法实证检验内部控制对不同环保压力企业非效率投资影响的差异。

6.1 理论分析

6.1.1 行业属性与环保压力:重污染与非重污染企业之分

环保压力的理论基础是利益相关者理论。米勒和刘易斯(Miller and Lewis,1991)将利益相关者定义为与企业存在利益关系的个人或群体,既包括股东、债权人、管理者、员工、供应商、顾客等直接利益相关者,又包括政府部门、媒体、竞争者、社会公众等间接利益相关者。利益相关者或者为企业投入了资本,或者对企业的生产经营和利润实现做出了贡献,或者是企业的生产经营所不得不面对的外部环境,与企业的生存和发展息息相关。利益相关者理论的核心思想是要求企业的决策不能只考虑作为所有者的股东的利益,而应顾及所有利益相关者的需求,与所有的利益相关者保持良好的关系是实现企业价值最大化的重要保证,是对"股东中心论"的质疑和创新。

企业的各利益相关者会通过各种形式对企业的生产经营活动产生影响,既可能是正面的影响,也可能是负面的影响,进而影响企业经营目标与战略目标的实现。当企业必须考虑所有利益相关者的利益时，与之相对应，利益相关者的需求也就对企业形成了一种无形的"约束力"①，当利益相关者的需求通过具体的渠道传达到企业并要求企业必须实施时，就对企业形成了"实质性的压力"②。企业的环保压力实际上就是来自要求企业注重环境保护或者企业污染环境会损害到的利益相关者的压力。

企业不仅是经济组织，也是社会组织，在关注经济绩效的同时还必须关注环境绩效。近年来，我国水污染、大气污染等日益严重，环境污染问题已引起全社会的广泛关注③。在严峻的环保形势下，国家保护生态环境、建设生态文明的力度逐渐增强，政府、媒体、公众等利益相关者对企业的环保问题越来越重视，将保护环境视为企业履行社会责任的重要方面。与之相对应，企业面对的环保压力也越来越大，如果企业在生产经营中违反相关规定，对环境造成破坏和污染，很可能会招致相关部门的处罚，面临社会公众与媒体的声讨与指责以及巨额诉讼，甚至影响到企业的生存。

与非重污染企业相比，重污染企业在整体污染物排放中占主体地位，是环境污染的主要制造者，引发环境问题的可能性和破坏环境的程度均比非重污染企业要高④，自然成为国家环境规制的重点对象，面对更大的来自外部的环保压力，可以主要从政府监管压力和媒体监督压力两个方面进行分析。

政府对企业的环保监管以法律法规为直接手段，将重污染行业作为了监管重点。国家环保总局于 2003 年发布的《关于对申请上市的企业和申请再融资的上市企业进行环境保护核查的通知》，规定未通过环保核查的重污染企业不得进行 IPO 和股权再融资；国家环保总局、中国人

---

① Murillo – Luna J. L., Garcés – Ayerbe C., Rivera – Torres P., Why do Patterns of Environmental Response Differ? A Stakeholders' Pressure Approach. Strategic Management Journal, Vol. 29, No. 11, 2008, P. 1225.

② 卫武、夏清华、贺伟、资海喜：《企业的可见性和脆弱性有助于提升对利益相关者压力的认知及其反应吗?》，载于《管理世界》2013 年第 12 期，第 101 页。

③ 李廉水、徐瑞：《环境规制对中国制造业技术创新的影响研究》，载于《河海大学学报》2016 年第 3 期，第 32 页。

④ 唐国平、李龙会、吴德军：《环境管制、行业属性与企业环保投资》，载于《会计研究》2013 年第 6 期，第 83 页。

民银行和中国银监会于2007年联合发布的《关于落实环保政策法规 防范信贷风险的意见》,规定对一些不符合产业政策和违反环境法律法规的企业采取贷款控制,严格信贷环保要求,严格新建项目的环境监管和信贷管理,实施"绿色信贷";另外,国家环境保护总局2007年出台的《关于进一步规范重污染行业生产经营公司申请上市或再融资环境保护核查工作的通知》、2008年环境保护部出台的《上市公司环保核查行业分类管理名录》,以及证监会2008年发布的《关于重污染行业生产经营公司IPO申请申报文件的通知》、2011年发布的《关于进一步规范监督管理严格开展上市公司环保核查工作的通知》等,也是主要针对重污染行业的相关规定,明确要求地方环保部门和监管部门加强对重污染企业的环境监管力度。因此,重污染行业作为环保部门的重点监管对象,面临着更为直接和严格的环境规制与行业管制,有的学者甚至直接使用"是否重污染行业"来间接反映企业所受的到的政府监管压力[①]。

媒体监督压力源自社会公众对环境污染的关注。重污染企业废气、废水等的排放导致环境污染越来越严重,社会公众为维护自身利益,对重污染企业环境行为的关注度不断提高,媒体自然对重污染企业的污染行为进行更多的负面报道和批评,从而给重污染企业带来巨大的媒体监督压力[②]。负面的媒体报道对重污染企业形成压力的根源是会降低企业的社会声誉,而一个企业的社会声誉反映了相对于竞争对手而言,其履行社会责任的信息以及产品和服务的质量信息,对企业的发展具有至关重要的作用,是企业重要的无形资产。为缓解来自外部的媒体监督压力,重污染企业必须承担更大的环保责任,履行更多的环保义务,有效减少污染物排放,从而树立企业在社会公众心目中的美好形象,维持自己良好的社会声誉。

6.1.2 内部控制的环保效应

作为规范企业行为的制度体系和自律系统,内部控制从最初的内部

---

① 任月君、张凯华:《公共压力、公司治理与环境成本的相关性研究》,载于《财经问题研究》2016年第10期,第97页。
② 李百兴、王博、卿小权:《企业社会责任履行、媒体监督与财务绩效研究——基于A股重污染行业的经验数据》,载于《会计研究》2018年第7期,第64页。

牵制发展至今天的整体框架，作用边界在不断拓展，已经突破了财务报告可靠性、合规合法性以及经营效率和效果等基本效应，其制度内涵决定了内部控制具有履行环境保护等一系列社会责任效应。

根据《企业内部控制基本规范》的要求，企业在进行风险评估时，需要注重内部的安全环保等方面的因素，以及外部的环境保护等自然环境因素，这说明我国的内部控制规范体系已经延伸到对企业环境保护方面的要求，有效的内部控制能够帮助企业识别各种环境保护风险，及时采取相应的控制措施。

财政部等五部门在2010年专门针对企业应承担的社会责任颁布了《企业内部控制应用指引第4号——社会责任》，该指引规定环境责任为企业社会责任的重要组成部分，明确提出企业在生产经营过程中应当切实履行环境保护的职责和义务，关注由于资源耗费过大和环境保护投入不足而造成的资源枯竭或环境污染，进而导致企业发展缺乏后劲，产生巨额赔偿，甚至停业的风险，实现企业与环境的和谐健康发展。具体措施包括：（1）企业应高度重视国家在产业结构方面的相关政策，特别注意对产业结构调整所提出的要求，要加快高新技术的发展和促进传统产业的转型升级，积极改变落后的发展模式，实现企业低投资、低消耗、低排放、高效率的发展。（2）企业应当按照国家在环境保护与资源节约方面的相关规定，并结合企业的实际情况，系统建立环境保护与资源节约的各项规章制度，积极承担并有效落实节能减排的责任，并专注开发和使用节能产品，注重发展绿色循环经济，有效提高资源的综合利用效率，切实降低污染物的排放。（3）企业重视生态环境的保护，可以通过加大在环境保护方面的人力、物力、财力的投入以及技术支持入手，提高和改善工艺流程，从而降低能耗，减少污染物排放，最终实现清洁生产的目的。（4）企业应努力开发和利用可再生资源，杜绝对不可再生资源造成掠夺性和破坏性的开发，企业需加强废气、废水、废渣的综合治理工作，建立废物的回收利用体系。（5）污染物排放超过国家有关规定的，企业需要承担相关法律责任和治理责任，因此，企业应建立环境保护和资源节约的监控制度，定期开展监督检查工作，发现问题要及时采取纠正措施，以减少污染物过度排放给企业带来的风险，在发生突发事件或重大环境污染事件时，企业应当启动应急机制，及时进行报告和处理，并依法追究相关责任人的责任。（6）企业应当将节能环保的宣传教育放到重要位置，将其作为企业文化的重要组成部分，以宣传教育等有效形式来提高企业员工环境保护与资源节约的意识。按照该指引的要求，企业不能只追求经济效益而忽视其他问题，需要同时兼顾环境保护和资源节约，尽量减少生产经营各方面出现的环境污染和资源浪费现象，这些措施让企业的保护环境行为有了制度化的保障，内部控制已成为企业环境保护得到落实的重要途径。

6.2 研究假设

6.2.1 重污染与非重污染企业内部控制对非效率投资影响差异

重污染企业的非效率投资与公众关注的环境保护问题是紧密相关的。重污染企业的过度投资在损害企业价值的同时会显著加剧产能过剩，王立国和鞠蕾（2012）、李博等（2017）、肖怡清和陈宪（2018）的研究均验证了过度投资与产能过剩存在正相关关系，而陆远权和朱小会（2016）的研究表明，产能过剩会造成资源浪费，增加污染物的排放，加重环境污染，产能过剩是我国环境污染的重要原因。因此，重污染企业的过度投资必然会成为政府和媒体管理与监督的重点，给重污染企业带来的环境风险很大。

内部控制一方面是企业防范环境风险的重要工具，另一方面也具备监督和促进企业履行环保职责的功能，外部的环保压力可以通过内部控制作用于企业的投资行为。与非重污染企业相比，重污染企业面对更大的环保压力，过度投资会给重污染企业带来很大的环境风险，因此，重污染企业会更注重发挥内部控制对过度投资的抑制作用。本书提出如下假设：

H6-1：与非重污染企业相比，重污染企业内部控制对过度投资的抑制作用更强。

与过度投资相比，重污染企业的投资不足虽然不利于企业价值最大化，但却不会加重环境污染，所面临的环境风险较小，因此，当重污染企业存在投资不足时，迫于环保压力，与非重污染企业相比，重污染企业会更倾向于维持现有的投资不足，内部控制对重污染企业投资不足的抑制作用会存在制约。因此，提出如下假设：

H6-2：与非重污染企业相比，重污染企业内部控制对投资不足的抑制作用更弱。

另外，单就重污染企业的过度投资和投资不足而言，过度投资的环境风险远大于投资不足，在外部环保压力的作用下，重污染企业内部控制在抑制过度投资方面较投资不足发挥的作用更明显。因此，提出如下假设：

H6-3：重污染企业内部控制对过度投资的抑制作用较投资不足更强。

6.2.2 不同产权重污染与非重污染企业内部控制对非效率投资影响差异

重污染与非重污染企业外部环保压力的差异在不同产权性质的两类企业中也都是存在的，与相对应的各类产权性质的非重污染企业相比，各类产权性质的重污染企业中内部控制对过度投资和投资不足的影响也存在以上所分析的差异。因此，提出以下假设：

H6-4：与相对应的各类产权性质非重污染企业相比，各类产权性质重污染企业内部控制对过度投资的抑制作用更强。

H6-5：与相对应的各类产权性质非重污染企业相比，各类产权性质重污染企业内部控制对投资不足的抑制作用更弱。

国有企业与民营企业所面临的政治环境存在巨大差异，相比于民营企业，国有企业拥有更紧密的政商关系，更容易获得政府的支持，一旦面临环境管制，非国有重污染企业首当其冲，实际的管制更多地落到非国有重污染企业身上。刘运国和刘梦宁（2015）认为，与国有重污染企业相比，民营重污染企业环境污染的政治成本更高，环保压力更大。因此，当过度投资导致污染加重时，面临更大环保压力的民营重污染企业更有动机通过加强内部控制抑制过度投资。因此，提出以下假设：

H6-6：相对于国有重污染企业，民营重污染企业内部控制对过度投资的抑制作用更强。

地方国企的成功经营会给当地政府官员带来政治和私人收益，因而地方政府存在对当地国企的政治庇护①。在地方国有重污染企业受到地方政府保护的前提下，发生过度投资加重环境污染时，为了实现地方政府的 GDP 指标，政府的管制相对较松，存在着支持对当地国企和忽视环境保护的现象②。在过去的若干年中，影响我国环境治理目标实现的第一要因就是在以 GDP 为核心的干部考核体制下，一些地方政府单纯追求 GDP 的增长③，对作为实现地方 GDP 政绩重要工具的地方国企，有着做大做强的冲动，通过政府干预，推动发展、扩大投资，忽视了环境保护是政府应履行的基本职责④。

相对于地方国企，中央国企是中央政府实现国家层面政治和经济目标的重要力量。中央政府控制的企业受到的政府管制更加直接和严格，必须严格遵守国家的相关方针政策，在当前全国倡导环境保护的大背景下，要给全国的企业做出表率，给大众一个交代，在促进资源节约和综合利用、加强环境保护、建设节约型社会等方面，中央国企肩负着义不容辞的责任，正成为新时期我国节能减排的"排头兵"⑤。在中央国有重污染企业中，内部控制更能充分发挥对过度投资的抑制作用。因此，提出如下假设：

H6-7：相对于地方国有重污染企业，中央国有重污染企业内部控制对过度投资的抑制作用更强。

6.3 研究设计

2010 年 9 月 14 日，环保部公布的《上市公司环境信息披露指南》

---

① 杨治、路江涌、陶志刚：《政治庇护与改制：中国集体企业改制研究》，载于《经济研究》2007 年第 5 期，第 104 页。
② 王书斌、徐盈之：《环境规制与雾霾脱钩效应——基于企业投资偏好的视角》，载于《中国工业经济》2015 年第 4 期，第 23 页。
③ Li H., Zhou L. A., Political Turnover and Economic Performance: The Incentive Role of Personnel Control in China. Journal of Public Economics, Vol. 89, No. 9-10, 2005, P. 1743.
④ 颉茂华、果婕欣、王瑾：《环境规制、技术创新与企业转型——以沪深上市重污染行业企业为例》，载于《研究与发展管理》2016 年第 2 期，第 87 页。
⑤ "中央企业在资源节约型社会中的地位和作用研究"课题组：《中央企业在资源节约型社会中的地位和作用研究》，载于《管理世界》2007 年第 1 期，第 151 页。

将火电、钢铁、制药、水泥、电解铝、煤炭、石化、建材、造纸、酿造、纺织、发酵、冶金、化工、制革、采矿共16类行业确定为重污染行业，本书设定的重污染企业的范围与该标准一致。经过筛选，本书所选定的869家上市公司中共有314家重污染行业上市公司，涉及上市公司行业目录中的三大类共18个二级行业。为验证上述所提的假设，本章仍使用模型（4-2）对样本数据进行回归分析。

6.4 描述性统计分析

314家重污染行业上市公司的行业分布如表6-1和图6-1所示。其中，医药制造业、化学原料和化学制品制造业、电力与热力生产和供应业的重污染企业数量占前三位。

表6-1　　　　重污染行业上市公司行业分布

行业代码	行业名称	公司数量（个）
B06	煤炭开采和洗选业	18
B07	石油和天然气开采业	3
B08	黑色金属矿采选业	3
B09	有色金属矿采选业	9
C15	酒、饮料和精制茶制造业	21
C17	纺织业	15
C19	皮革、毛皮、羽毛及其制品和制鞋业	2
C22	造纸和纸制品业	7
C25	石油加工、炼焦和核燃料加工业	7
C26	化学原料和化学制品制造业	46
C27	医药制造业	56
C28	化学纤维制造业	7
C29	橡胶和塑料制品业	8
C30	非金属矿物制品业	30
C31	黑色金属冶炼和压延加工业	18

续表

行业代码	行业名称	公司数量（个）
C32	有色金属冶炼和压延加工业	19
D44	电力、热力生产和供应业	42
D45	燃气生产和供应业	3
合计		314

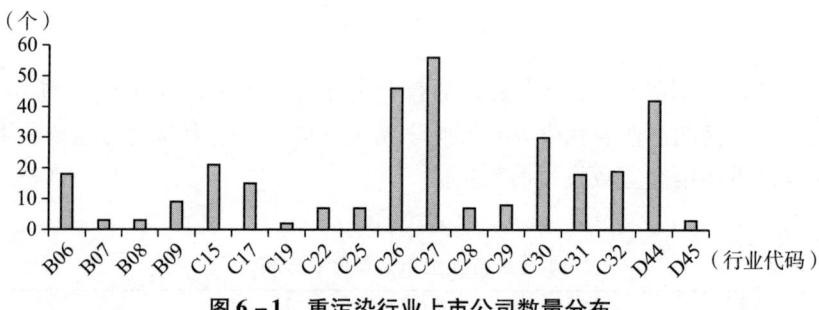

图6-1 重污染行业上市公司数量分布

表6-2、图6-2为重污染行业与非重污染行业上市公司产权及其占比的分布，可以看出，在中央国企、地方国企和民营企业中，重污染企业所占比例依次上升，这从某种程度上反映了企业的产权性质对重污染企业发展产生影响。

表6-2　　　　重污染与非重污染行业上市公司产权分布

企业类型	项目	中央国企	地方国企	民营企业	合计
重污染企业	数量（个）	56	155	103	314
	比重（%）	33.1	36.6	37.2	36.1
非重污染企业	数量（个）	113	268	174	555
	比重（%）	66.9	63.4	62.8	63.9
合计	数量（个）	169	423	277	869
	比重（%）	100	100	100	100

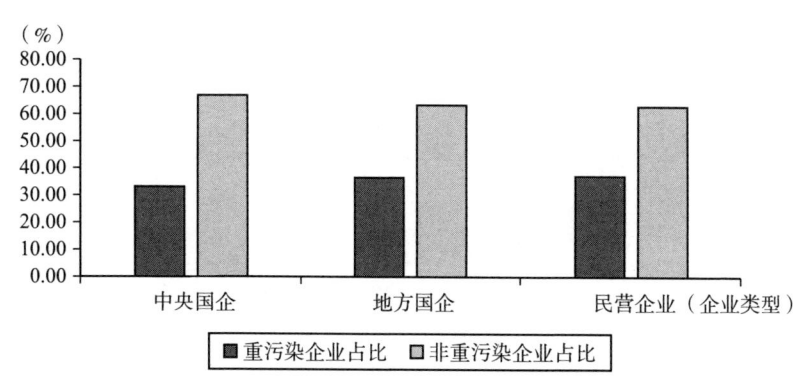

第6章 内部控制对不同环保压力企业非效率投资影响差异研究

图6-2 重污染与非重污染行业上市公司占比分布

表6-3、图6-3为重污染与非重污染行业上市公司过度投资与投资不足的样本构成。从表6-3中可以看出,重污染企业过度投资样本占自身总样本的比重为39.6%,明显高于非重污染企业30.8%的比重,说明重污染企业更容易发生过度投资,重污染过度投资的现状更为普遍,在各类产权性质的重污染与非重污染企业中也均是同样的情况。在重污染企业中,地方国有重污染企业过度投资样本占自身总样本的比重最大,为40.4%,其次为中央国有重污染企业,民营重污染企业的比重最低,地方国有重污染企业最容易发生过度投资,民营重污染企业最不容易发生过度投资,这在一定程度上反映出环保压力对不同产权性质重污染企业投资的影响。在非重污染企业中,虽然地方非国有重污染企业过度投资样本占自身总样本的比重最大,但与其他两类企业相比,差异不大。

表6-3 重污染与非重污染行业上市公司过度投资与投资不足样本构成

企业类型	非效率投资类型		中央国企	地方国企	民营企业	合计
重污染企业	过度投资	数量(个)	196	563	359	1118
		比重(%)	38.9	40.4	38.7	39.6
	投资不足	数量(个)	308	832	568	1708
		比重(%)	61.1	59.6	61.3	60.4
	合计	数量(个)	504	1395	927	2826
		比重(%)	100	100	100	100

续表

企业类型	非效率投资类型		中央国企	地方国企	民营企业	合计
非重污染企业	过度投资	数量（个）	309	751	476	1536
		比重（%）	30.38	31.1	30.39	30.8
	投资不足	数量（个）	708	1661	1090	3459
		比重（%）	69.62	68.9	69.61	69.2
	合计	数量（个）	1017	2412	1566	4995
		比重（%）	100	100	100	100

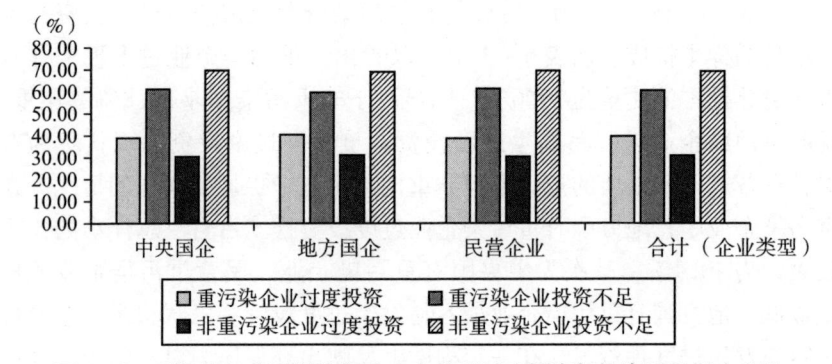

图6-3 重污染与非重污染行业上市公司过度投资与投资不足样本占比

表6-4为重污染与非重污染行业上市公司过度投资样本主要变量描述性统计分析。无论是重污染企业总样本，还是各产权性质重污染企业样本，过度投资（Over_inv）的均值均大于非重污染企业，而且差异较大，表明重污染企业较非重污染企业存在更严重的投资过度。另外，在重污染企业中，地方国有重污染企业的过度投资最严重，其次是民营重污染企业。从内部控制质量（IC）的均值来看，重污染企业内部控制质量略高于非重污染企业，其中，民营重污染企业与中央国有重污染企业的内部控制质量均高于非重污染企业，而地方国有重污染企业内部控制质量低于非重污染企业，反映出地方国有重污染企业内部控制建设方面相对薄弱。

表6-4　重污染与非重污染行业上市公司过度投资样本主要变量描述性统计

企业类型	变量名称	项目	总样本	中央国企	地方国企	民营企业
重污染企业	Over_inv	均值	0.9731	0.8965	1.0199	0.9413
		中位数	0.5244	0.5410	0.5430	0.4872
		标准差	1.4114	0.9410	1.5557	1.3880
		最小值	0.0003	0.0005	0.0022	0.0003
		最大值	14.5505	5.0741	14.5505	12.2415
	IC	均值	6.5273	6.5752	6.5111	6.5266
		中位数	6.5347	6.5653	6.5282	6.5324
		标准差	0.1480	0.1332	0.1564	0.1364
		最小值	5.1362	6.2031	5.1362	5.6925
		最大值	6.8910	6.8910	6.8538	6.8306
非重污染企业	Over_inv	均值	0.7067	0.6136	0.7829	0.6481
		中位数	0.3534	0.3109	0.3760	0.3332
		标准差	1.1088	0.8174	1.3138	0.8976
		最小值	0.0007	0.0007	0.0029	0.0023
		最大值	11.9613	4.7360	11.9613	7.1853
	IC	均值	6.5232	6.5406	6.5221	6.5136
		中位数	6.5342	6.5426	6.5323	6.5314
		标准差	0.1312	0.1282	0.1367	0.1235
		最小值	5.2581	5.7448	5.2581	5.8056
		最大值	6.8762	6.8762	6.8673	6.8638

注：*、**、***分别表示10%、5%、1%的显著性水平。

表6-5为重污染与非重污染行业上市公司投资不足样本主要变量描述性统计分析。无论是重污染企业总样本，还是各产权性质重污染企业样本，投资不足（Over_inv）的均值均大于非重污染企业，表明重污染企业较非重污染企业也存在更严重的投资不足。另外，在重污染企业中，民营重污染企业的投资不足最严重，其次是中央国有重污染企业。从内部控制质量（IC）的均值来看，重污染企业内部控制质量略低于

非重污染企业。

表6-5 重污染与非重污染行业上市公司投资不足样本主要变量描述性统计

企业类型	变量名称	项目	总样本	中央国企	地方国企	民营企业
重污染企业	Under_inv	均值	0.5002	0.4973	0.4735	0.5410
		中位数	0.4067	0.4212	0.3994	0.4097
		标准差	0.5051	0.4084	0.4195	0.6462
		最小值	0.0022	0.0022	0.0025	0.0025
		最大值	6.7605	2.9770	3.8748	6.7605
	IC	均值	6.5111	6.5464	6.5059	6.4997
		中位数	6.5240	6.5429	6.5221	6.5180
		标准差	0.1615	0.1457	0.1711	0.1527
		最小值	4.1909	5.7736	4.1909	5.3208
		最大值	6.9031	6.9031	6.8920	6.8338
非重污染企业	Under_inv	均值	0.3852	0.3427	0.3745	0.4292
		中位数	0.3176	0.2781	0.3183	0.3410
		标准差	0.3696	0.3836	0.3219	0.4210
		最小值	0.0006	0.0017	0.0006	0.0033
		最大值	4.4400	4.3363	4.4400	4.1614
	IC	均值	6.5195	6.5318	6.5205	6.5100
		中位数	6.5325	6.5368	6.5360	6.5236
		标准差	0.1677	0.1404	0.2016	0.1195
		最小值	2.1939	5.7151	2.1939	5.5779
		最大值	6.8894	6.8792	6.8894	6.8814

注：*、**、*** 分别表示10%、5%、1%的显著性水平。

6.5 回归结果分析

表6-6为重污染与非重污染企业过度投资、投资不足样本组多重

共线性检验，显示各组样本中各变量的 VIF 值均不超过 2，表明多重共线性问题不影响本书的研究结论。

表 6-6　　　　　　　　各样本多重共线性检验

变量名称	重污染企业		非重污染企业	
	过度投资	投资不足	过度投资	投资不足
IC	1.295	1.390	1.283	1.245
FCF	1.041	1.034	1.047	1.027
Size	1.618	1.639	1.394	1.475
Age	1.055	1.061	1.126	1.074
LEV	1.570	1.508	1.316	1.550
Tan	1.254	1.218	1.096	1.140
Top1	1.239	1.315	1.091	1.085
ROA	1.302	1.436	1.263	1.255
Fees	1.317	1.238	1.132	1.193
Occu	1.107	1.088	1.046	1.065

表 6-7 为内部控制对重污染与非重污染企业非效率投资影响的回归结果。重污染企业过度投资样本中，内部控制与过度投资的回归系数为 -0.503，在 10% 的水平上显著，内部控制对重污染企业过度投资具有显著的抑制作用，而非重污染企业内部控制与过度投资的回归系数不显著，内部控制对非重污染企业的过度投资抑制作用不显著，内部控制对重污染企业过度投资的抑制作用强于非重污染企业，证明假设 H6-1。非重污染企业投资不足样本中，内部控制与投资不足的回归系数为 -0.094，在 5% 的水平上显著负相关，内部控制对非重污染企业投资不足具有显著的抑制作用，而重污染企业内部控制与投资不足的回归系数不显著，内部控制对重污染企业的投资不足抑制作用不显著，内部控制对重污染企业投资不足的抑制作用弱于非重污染企业，证明假设 H6-2。另外，内部控制对重污染企业过度投资的

抑制作用也强于对重污染企业投资不足的抑制作用，假设 H6-3 也得到证明。

表 6-7　内部控制对重污染与非重污染企业非效率投资影响回归结果

变量名称	过度投资				投资不足			
	重污染企业		非重污染企业		重污染企业		非重污染企业	
	系数	T值	系数	T值	系数	T值	系数	T值
截距	4.140*	1.842	1.120	0.666	1.370**	2.136	1.311***	4.314
IC	-0.503*	-1.761	-0.276	-1.018	-0.061	-0.619	-0.094**	-2.040
FCF	0.914**	2.152	0.418	1.593	-0.307***	-4.187	-0.697***	-9.915
Size	-0.135***	-3.216	-0.017	-0.534	-0.037***	-3.044	-0.020***	-2.972
Age	0.265*	1.718	0.248**	2.259	0.014	0.293	-0.023	-1.003
LEV	1.446***	4.777	0.319	1.570	0.147*	1.753	-0.053	-1.192
Tan	1.694***	5.937	1.944***	11.211	0.111	1.319	0.233***	5.228
Top1	1.469***	4.778	0.476**	2.314	0.316***	3.481	0.074	1.627
ROA	5.232***	6.209	3.823***	5.729	-0.373*	-1.723	0.581***	3.624
Fees	2.140**	2.301	0.786**	2.348	1.003***	5.322	0.321***	4.319
Occu	-2.704	-1.197	0.019	0.019	2.530***	4.236	1.633***	7.456
Ind	控制		控制		控制		控制	
Year	控制		控制		控制		控制	
Adj R^2	0.134		0.120		0.070		0.091	

注：*、**、***分别表示10%、5%、1%的显著性水平。

表 6-8 为内部控制对重污染与非重污染企业过度投资影响分产权性质回归结果。民营重污染企业内部控制与过度投资的回归系数为 -1.342，在5%的水平上显著负相关，在六组样本中，也只有民营重污染企业内部控制对过度投资具有显著的抑制作用，因此，部分证明假设 H6-4，假设 H6-6 得到证明，国有重污染企业内部控制对过度投资没有起到理想的治理效果。

表6-8 内部控制对重污染与非重污染企业过度投资影响分产权性质回归结果

企业类型	变量名称	中央国企 系数	中央国企 T值	地方国企 系数	地方国企 T值	民营企业 系数	民营企业 T值
重污染企业	截距	1.938	0.425	2.109	0.640	6.780	1.565
	IC	-0.049	-0.064	-0.198	-0.400	-1.342**	-2.111
	FCF	-0.321	-0.394	0.387	0.579	2.028***	2.970
	Size	-0.096	-1.180	-0.172**	-2.341	-0.014	-0.169
	Age	0.178	0.718	0.241	0.957	0.392	1.205
	LEV	1.094**	2.044	1.827***	3.582	0.546	1.062
	Tan	1.023**	1.976	2.694***	5.662	0.795	1.606
	Top1	-0.235	-0.361	2.381***	5.088	1.607***	2.755
	ROA	-3.055*	-1.734	5.964***	4.443	6.317***	4.673
	Fees	0.108	0.057	2.610	1.484	2.358*	1.830
	Occu	-1.298	-0.193	-3.388	-0.617	-2.347	-0.903
	Ind	控制		控制		控制	
	Year	控制		控制		控制	
	Adj R²	0.137		0.185		0.157	
非重污染企业	截距	-1.175	-0.369	0.641	0.235	0.917	0.346
	IC	-0.156	-0.321	-0.273	-0.629	-0.147	-0.342
	FCF	-1.080**	-2.230	0.915*	1.843	0.485	1.461
	Size	-0.003	-0.057	0.024	0.434	-0.058	-1.051
	Age	0.607***	3.432	0.001	0.004	0.459**	2.513
	LEV	0.360	0.994	0.365	1.072	0.313	0.995
	Tan	1.707***	5.513	2.090***	7.643	1.948***	6.116
	Top1	0.220	0.550	1.022***	2.881	-0.195	-0.641
	ROA	3.656***	2.703	3.604***	2.949	3.997***	4.574
	Fees	1.044	1.100	0.968*	1.800	0.296	0.653
	Occu	2.156	0.842	-0.727	-0.492	-0.023	-0.014
	Ind	控制		控制		控制	
	Year	控制		控制		控制	
	Adj R²	0.124		0.129		0.127	

注:*、**、***分别表示10%、5%、1%的显著性水平。

表6-9为内部控制对重污染与非重污染企业投资不足影响分产权性质回归结果。中央国有非重污染企业内部控制与投资不足的回归系数为-0.419，在1%的水平上显著，民营非重污染企业内部控制与投资不足的回归系数为-0.314，在5%的水平上显著负相关，内部控制能够显著抑制中央国有非重污染企业与民营非重污染企业的投资不足，地方国有重污染企业内部控制与投资不足的回归系数为-0.316，在10%的水平上显著负相关，其他三组样本中内部控制对投资不足的抑制作用不显著。中央国有重污染企业与民营重污染企业内部控制对投资不足的抑制作用弱于非重污染企业，而地方国有重污染企业内部控制对投资不足的抑制作用却强于非重污染企业，部分证明假设H6-5，在说明地方国有非重污染企业内部控制对投资不足没有发挥应有的抑制作用的同时，也反映出环保压力在地方国有重污染企业内部控制抑制投资不足方面无显著影响。

表6-9 内部控制对重污染与非重污染企业投资不足影响分产权性质回归结果

企业类型	变量名称	中央国企		地方国企		民营企业	
		系数	T值	系数	T值	系数	T值
重污染企业	截距	1.211	0.807	1.870***	2.513	0.676	0.434
	IC	-0.129	-0.555	-0.136*	-1.664	0.124	0.507
	FCF	0.001	0.003	-0.812***	-5.329	-0.196*	-1.882
	Size	-0.012	-0.445	-0.038**	-2.509	-0.066**	-1.996
	Age	0.074	0.787	0.011	0.205	0.078	0.645
	LEV	0.180	1.084	0.117	1.104	0.149	0.803
	Tan	0.336**	2.218	0.030	0.278	0.143	0.680
	Top1	0.059	0.284	0.487***	4.436	0.327	1.510
	ROA	-0.870*	-1.668	0.188	0.748	-1.019**	-2.110
	Fees	0.975	1.197	0.304	0.832	1.136***	3.923
	Occu	5.530***	4.021	1.395*	1.729	2.231**	2.010
	Ind	控制		控制		控制	
	Year	控制		控制		控制	
	Adj R²	0.134		0.077		0.081	

续表

企业类型	变量名称	中央国企		地方国企		民营企业	
		系数	T值	系数	T值	系数	T值
非重污染企业	截距	2.894***	3.108	0.472	1.400	3.053***	3.455
	IC	-0.419***	-2.744	-0.028	-0.621	-0.314**	-2.185
	FCF	-1.073***	-5.142	-0.687***	-8.033	-0.543***	-4.139
	Size	0.007	0.441	-0.006	-0.685	-0.041***	-2.671
	Age	-0.069	-1.351	-0.013	-0.458	0.064	1.277
	LEV	0.001	0.009	-0.046	-0.802	-0.098	-1.058
	Tan	0.128	1.158	0.248***	4.774	0.309***	2.692
	Top1	-0.023	-0.175	0.183***	3.231	0.071	0.758
	ROA	0.781**	2.131	0.421*	1.862	0.710**	2.196
	Fees	0.289	0.789	0.465***	3.388	0.175*	1.687
	Occu	2.231***	3.632	1.476***	4.967	1.487***	3.915
	Ind	控制		控制		控制	
	Year	控制		控制		控制	
	Adj R^2	0.076		0.118		0.092	

注：*、**、***分别表示10%、5%、1%的显著性水平。

6.6 实证结果汇总

表6-10为本章实证研究结果的汇总。内部控制能够显著抑制重污染企业的过度投资，而对重污染企业投资不足的抑制作用不显著，内部控制能够显著抑制非重污染企业的投资不足，而对非重污染企业过度投资的抑制作用不显著，综合上述结果可以更进一步说明是重污染与非重污染企业过度投资与投资不足所面对的环保压力差异对内部控制与非效率投资关系影响的结果。另外，与中央国企和地方国企相比，内部控制对民营重污染与非重污染企业过度投资与投资不足的影响与上述结果完全一致，显示出民营重污染企业受到的环保压力更大，内部控制对过度投资和投资不足的影响符合环境保护的要求。汇总的结论中地方国企值

得关注,地方国有重污染企业过度投资的普遍程度和严重程度在三类重污染企业中均为最大,而内部控制质量最低,内部控制对地方国有重污染和非重污染企业过度投资的抑制作用均不显著,对地方国有重污染企业投资不足的抑制作用显著,对地方国有非重污染企业投资不足的抑制作用不显著,反映出地方国有重污染企业受到的环保压力较小,内部控制与过度投资和投资不足的关系均没有显示出来自环保压力的影响。

表 6–10　　　　　　　　本章实证结果汇总

类型	项目	重污染企业				非重污染企业			
		全样本	中央国企	地方国企	民营企业	全样本	中央国企	地方国企	民营企业
过度投资	普遍程度	高	居中	最大	最小	低	居中	最大	最小
	严重程度	高	最小	最大	居中	低	最小	最大	居中
	内控质量	高	最大	最小	居中	低	最大	居中	最小
	内控影响	10%显著	不显著	不显著	5%显著	不显著	不显著	不显著	不显著
投资不足	普遍程度	低	居中	最小	最大	高	居中	最小	最大
	严重程度	高	居中	最小	最大	低	居中	最小	最大
	内控质量	低	最大	居中	最小	高	最大	居中	最小
	内控影响	不显著	不显著	10%显著	不显著	5%显著	1%显著	不显著	5%显著

注:"普遍程度"项目用过度投资或投资不足样本占自身总样本比例反映,"严重程度"项目用过度投资、投资不足变量的均值反映,"内控质量"用内部控制指数的均值反映。

6.7　稳健性检验

用营业收入增长率作为反映模型(4–1)企业增长(Growth)的指标所计算出的非效率投资的残差进行本章的回归分析,结果见表 6–11。

可以看出，实证结果与以上结果无明显差异，说明了本章实证研究的稳健性。

表 6-11　　　　　　　　稳健性检验回归结果

投资类型	企业类型	产权性质	IC 系数	IC T值	Adj R²
过度投资	重污染企业	总样本	-0.633*	-1.798	0.128
		中央国企	-0.226	-0.300	0.13
		地方国企	-0.157	-0.314	0.181
		民营企业	-1.581**	-2.129	0.151
	非重污染企业	总样本	-0.313	-1.142	0.121
		中央国企	-0.043	-0.095	0.158
		地方国企	-0.312	-0.700	0.127
		民营企业	-0.263	-0.582	0.125
投资不足	重污染企业	总样本	-0.053	-0.543	0.075
		中央国企	-0.103	-0.435	0.169
		地方国企	-0.139*	-1.689	0.081
		民营企业	0.15	0.616	0.075
	非重污染企业	总样本	-0.105**	-2.306	0.08
		中央国企	-0.531***	-3.438	0.074
		地方国企	-0.034	-0.758	0.117
		民营企业	-0.274**	-1.985	0.074

注：*、**、***分别表示10%、5%、1%的显著性水平。

另外，设置环保压力虚拟变量，用 Pollution 表示，重污染行业设为 1，非重污染行业设为 0，在模型（4-2）的基础上加入 Pollution 与 IC 的交乘项，建立模型（6-1），进行内部控制对不同环保压力企业过度投资与投资不足影响差异的稳健性检验，其他变量的内容与模型（4-1）一致。

$$\text{Over\_Inv}_{i,t}/\text{Under\_Inv}_{i,t} = \gamma_0 + \gamma_1 \text{IC}_{i,t} + \gamma_2 \text{Pollution}_{i,t} + \gamma_3 \text{IC}_{i,t} \times \text{Pollution}_{i,t} + \gamma_4 \text{FCF}_{i,t} + \gamma_5 \text{Size}_{i,t} + \gamma_6 \text{Age}_{i,t} + \gamma_7 \text{LEV}_{i,t}$$

$$+ \gamma_8 \text{Tan}_{i,t} + \gamma_9 \text{Top1}_{i,t} + \gamma_{10} \text{ROA}_{i,t} + \gamma_{11} \text{Fees}_{i,t}$$
$$+ \gamma_{12} \text{Occu}_{i,t} + \sum \text{Ind} + \sum \text{Year} + \varepsilon_{i,t} \quad (6-1)$$

回归结果见表 6-12，可以看出，内部控制与过度投资、投资不足的回归系数均显著为负，在过度投资样本组，Pollution 与 IC 交乘项的系数为负，在 10% 的水平上显著，而在投资不足样本组，Pollution 与 IC 交乘项的系数为正，在 5% 的水平上显著，说明环保压力，即如果企业为重污染企业，相对于非重污染企业，能够增强内部控制对过度投资的抑制作用，减弱内部控制对投资不足的抑制作用，进一步验证了本章的主要假设 H6-1 和假设 H6-2。

表 6-12　模型 (6-1) 回归结果

变量名称	过度投资		投资不足	
	系数	T 值	系数	T 值
截距	1.747	0.975	1.051***	3.159
IC	-0.304	-1.784*	-0.044*	-1.812
Pollution	2.222	0.917	1.190**	2.165
IC × Pollution	-0.343*	-1.824	0.168**	1.986
FCF	0.574**	2.481	-0.461***	-9.511
Size	-0.059**	-2.280	-0.025***	-4.004
Age	0.262***	2.827	-0.012	-0.519
LEV	0.732***	4.255	-0.012	-0.287
Tan	1.912***	12.615	0.198***	4.993
Top1	0.872***	4.996	0.133***	3.118
ROA	4.542***	8.596	0.091	0.711
Fees	1.043***	3.073	0.458***	6.139
Occu	-0.668	-0.690	1.721***	7.698
Ind	控制		控制	
Year	控制		控制	
Adj R²	0.128		0.083	

注：*、**、*** 分别表示 10%、5%、1% 的显著性水平。

6.8 本章小结

在我国环境污染日益严重的背景下，重污染企业较非重污染企业受到更大的来自环境保护方面的压力，非效率投资中的过度投资较投资不足更不符合环境保护方面的要求，内部控制作为企业外部环保压力的应对机制，对重污染与非重污染企业过度投资和投资不足的影响必然体现出差异，不同产权性质重污染企业由于政治关联等外部治理因素的不同，所实际感受的环保压力又不相同，不同产权性质重污染企业内部控制对过度投资和投资不足的影响也会存在差异。在基于以上理论分析的基础上，本章首先提出了不同环保压力企业内部控制对过度投资和投资不足影响差异的研究假设，然后针对假设进行了实证检验（如图 6-4 所示）。

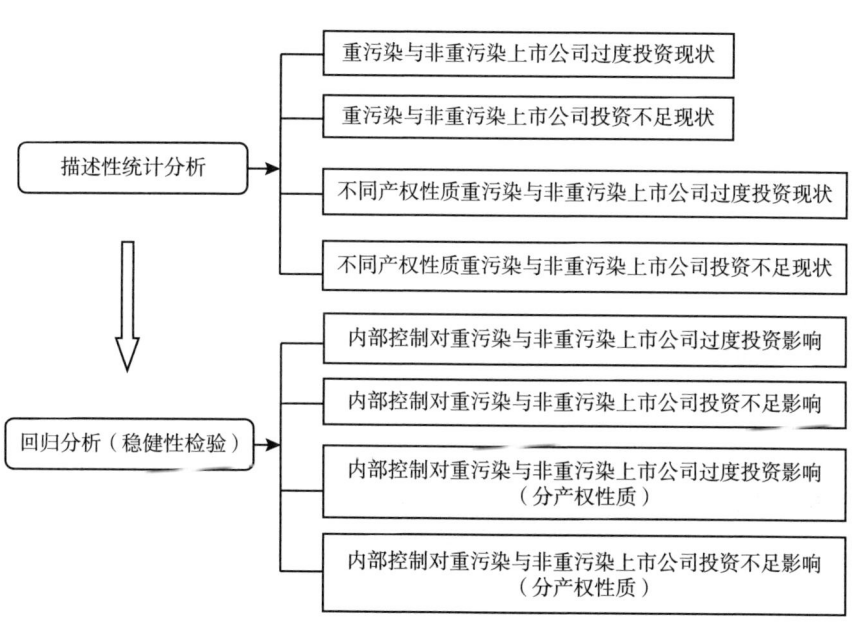

图 6-4　本章实证研究结构

研究结果表明，重污染企业内部控制对过度投资的抑制作用较非重污染企业更强，对投资不足的抑制作用较非重污染企业更弱，重污染企业内部控制对过度投资的抑制作用较投资不足更强，民营重污染企业所受到的外部环保压力最大，内部控制对过度投资的抑制作用较中央国有和地方国有重污染企业更强，而对投资不足的抑制作用更弱，研究结论基本证明了提出的假设。

第7章 研究结论与政策建议

本章对全书的研究结论进行了总结，并针对研究结论提出了相应的政策建议，同时指出了本书的局限性以及未来的研究方向。

7.1 研究结论

本书针对内部控制对非效率投资的影响进行探讨，在理论分析的基础上提出研究假设，以 2009~2017 年沪深两市上市公司为研究样本进行实证研究，非效率投资从非效率投资整体水平、过度投资、投资不足三个方面分别进行实证检验，并区分不同产权性质企业和不同环保压力企业进一步实证分析，主要得出以下研究结论：

（1）我国上市公司过度投资与投资不足现象同时存在，而且投资不足样本占总样本的比重在各年度和总样本期间均达到 60% 以上，投资不足较过度投资更为普遍。

（2）内部控制通过缓解上市公司的代理冲突和信息不对称，制约管理者过度自信，对上市公司非效率投资整体水平、过度投资和投资不足均具有显著的抑制作用，在证明了内部控制有用性的同时，也从治理非效率投资的角度说明了我国自 2008 年实施的内部控制规范体系取得了良好的效果。

（3）内部控制抑制非效率投资会受到公司产权性质的影响。内部控制能够有效抑制中央国企和民营企业的非效率投资，显示出中央国企和民营企业内部控制在企业投资方面充分发挥了治理效应，而且民营企业较中央国企内部控制对非效率投资的抑制作用更强。进一步区分过度投资和投资不足，内部控制只能有效抑制民营企业的过度投资和国有企业（中央国企与地方国企）的投资不足，对民营企业的投资不足和国有企业（中央国企与地方国企）的过度投资抑制作用不显著，体现出了融资约束对内部控制作用发挥的影响。内部控制对地方国企非效率投资整体水平、过度投资的抑制作用均不显著，对地方国企投资不足的抑制作用较中央国企更弱，总体来看，与中央国企和民营企业相比，地方国企内部控制在企业投资方面没有取得较好的治理效果。

（4）融资约束的存在，使得民营企业拥有最少的自由现金流，但民营企业内部控制发挥了较好的对现金流的控制作用，能够有效抑制自由现金流导致的过度投资和与自由现金流缺乏相关的投资不足。内部控制只对地方国企自由现金流投资不足产生显著抑制作用，对自由现金流过度投资抑制作用不显著，中央国企自由现金流与过度投资不存在正相关关系，内部控制对中央国企自由现金流投资不足的抑制作用也不显著，国有企业（中央国企与地方国企）内部控制显示出对现金流管理的相对薄弱。

（5）重污染企业和非重污染企业所承受的环保压力不同，过度投资和投资不足所面对的环境风险不同，内部控制对两类企业过度投资和投资不足的影响也表现出差异。在更大的环保压力下，内部控制对重污染企业过度投资的抑制作用较投资不足更强，与非重污染企业相比，内部控制对重污染企业过度投资的抑制作用更强，对投资不足的抑制作用更弱，内部控制在当前已成为抑制微观重污染企业过度投资进而促进环境保护的有效工具。进一步区分产权性质，民营重污染企业由于受到的环保压力最大，与民营非重污染企业相比，内部控制对民营重污染企业过度投资的抑制作用更强，对投资不足的抑制作用更弱；中央国有重污染企业内部控制只呈现出在抑制投资不足方面较中央国有非重污染企业更弱；内部控制对地方国有重污染和非重污染企业过度投资的影响均不显著，而内部控制对地方国有重污染企业投资不足的影响较地方国有非重污染企业更强，地方国有重污染企业的内部控制面对环保压力在投资方面没有做出积极反应，环保压力没有表现出对内部控制与过度投资和投资不足关系的积极影响。

7.2 政策建议

7.2.1 对企业的建议

（1）随着内部控制规范体系的实施，内部控制治理理念已经深入人心，企业要保证投资决策的合理性，达到最优投资效率，实现企业价值最大化，必须加强内部控制建设，健全内部控制体系，提高内部控制质量，强化内部控制在企业投资决策方面的监督职能，使内部控制系统在投资活动中充分发挥治理作用。

（2）鉴于国有企业（中央国企与地方国企）内部控制对过度投资没有起到显著的抑制作用，而且地方国企也没有体现出对导致过度投资的自由现金流的有效控制，国有企业（中央国企与地方国企）应专门制定详尽而有效的针对过度投资的控制措施，强化在预算软约束下内部控制对过度投资的治理作用，而通过控制自由现金流抑制过度投资也是一条捷径。

（3）与国有企业相对应的是民营企业内部控制对投资不足没有起到显著的抑制作用，诚然有外部融资约束的影响，但企业内部主观能动性的发挥也能够在一定程度上弥补这一外部制约因素，通过专门完善针对投资不足的控制措施，努力实现有限资源的最优配置，内部控制对投资不足就能够发挥更好的治理作用。

（4）鉴于地方国企内部控制对非效率投资整体水平没有起到显著的抑制作用，说明地方国企内部控制建设在很大程度上流于形式，或者忽略了对投资活动的控制，地方国企在提高内部控制质量的同时，应有意识加强内部控制体系对投资活动的控制，完善控制措施，提高控制力度，补足这一短板。

（5）重污染企业内部控制已经体现出了通过对投资活动的有效控制从而防范环保风险的传导机制作用，重污染企业要化解越来越大的环保压力，有效规避因过度投资加重环境污染而导致的环保风险，加强内部控制建设是一条重要途径。对于国有重污染企业，尤其是地方国有重污染企业，充分发挥内部控制对于抑制过度投资进而促进环境保护的治理效应，应该成为当前国有重污染企业履行环保责任的一项重要工作。

7.2.2 对监管部门的建议

1. 内部控制监管部门

本书通过实证研究验证了内部控制规范体系的实施在提高企业投资效率方面的重要作用，内部控制监管部门下一步自然是进一步完善内部控制规范体系，鼓励和监督企业更好地推进内部控制建设，发挥内部控制在资源配置方面的积极调节作用，在保障微观企业健康发展的同时，也保障宏观经济的平稳增长。

内部控制监管部门既需要针对内部控制规范实施以来所出现的问题出台更为细致的应对措施，也需要专门制定针对投资活动的更为细致的控制措施，监管部门应当充分考虑规章制度的可行性，出台更易被企业接受的投资活动控制实施方法，避免出现内部控制针对投资活动的"形式化"，无法真正发挥作用。另外，鉴于地方国企内部控制对投资活动治理效果较差，可专门根据地方国企的公司治理特征制定有针对性的投资活动控制措施。

2. 环境保护监管部门

环保部门不仅需要完善环境政策及相关法律制度，强化环境管制的执行力度，增强重污染企业的外部环保压力，也需要明确要求重污染企业加强内部管理，提高重污染企业内部控制的质量，双管齐下，有效减少或避免重污染企业加重环境污染的过度投资。

鉴于国有重污染企业内部控制抑制过度投资的效果不佳，尤其是地方国有重污染企业内部控制无论是对过度投资还是投资不足均没有表现出有利于环境保护的积极影响，环保部门要加强对国有重污染企业，尤其是地方国有重污染企业的监管力度，加重处罚措施，消减由于国有重污染企业政治关联等因素所导致的较低的环保压力和政治成本的影响，促进内部控制环保效应的充分发挥，有效缓解国有重污染企业过度投资所带来的环境污染的加重。

鉴于融资约束对内部控制抑制过度投资具有正向调节效应，环保部门应针对重污染企业，特别是国有重污染企业采取更加严格的信贷政策，尤其对于加重环境污染的项目，进一步增加融资约束，这对于增强重污染企业内部控制环保效应的发挥具有一定的促进作用。

7.3 研究局限与进一步研究方向

（1）变量度量的局限性。虽然诸多文献选取的理查森（Richardson, 2006）预期投资效率模型已被国内外许多学者接受和运用，但不能说明该模型就能够完全准确地计量出企业非效率投资水平，仍然可能存在未考虑的重要影响因素，从而导致计量偏差，有待后续研究的完善或者更先进方法的提出。内部控制的度量采用迪博内部控制指数，虽然该指数得到了广泛应用以及其准确性得到了很大程度上的认可，但作为一种内部管理体系，本身就具有较难进行客观计量的特点，有待于后续进行多视角综合计量和进一步的实证检验，得出更具说服力的结论。

（2）产权性质是企业的第一公司治理特征，除此之外，还包括股权结构、董事会结构、监事会结构等其他方面的公司治理特征，对企业也具有深远影响。本书只进行了不同产权性质企业内部控制对非效率投资的影响差异实证研究，针对其他公司治理方面的差异进行两者关系的研究是可以拓展的研究方向，从而提供更多有助于提高企业内部控制质量进而提高投资效率的经验证据和对策建议。

（3）环保压力下进一步研究空间。本书只针对不同环保压力下的重污染与非重污染企业内部控制对非效率投资的影响差异进行了实证检验，如能对每一企业所面临的环保压力进行综合与系统的计量，将环保压力作为解释变量加入模型检验对两者关系的影响，得出的结论将更全面以及更具说服力。

参 考 文 献

[1] 常丽娟、靳小兰:《内部控制有效性、市场化进程与环境信息披露》,载于《西安财经学院学报》2016 年第 2 期。

[2] 陈红、胡耀丹、余怒涛、刘李福:《制度环境会影响内部控制对企业投资效率的促进作用吗?》,载于《云南财经大学学报》2018 年第 12 期。

[3] 陈军梅:《股权激励、内部控制与会计稳健性》,载于《现代财经》2015 年第 4 期。

[4] 陈玲芳:《管理层权力、内部控制与环境信息披露》,载于《生态经济》2016 年第 8 期。

[5] 陈效东、周嘉南、黄登仕:《高管人员股权激励与公司非效率投资: 抑制或者加剧?》,载于《会计研究》2016 年第 7 期。

[6] 陈小林、罗飞、袁德利:《公共压力、社会信任与环保信息披露质量》,载于《当代财经》2010 年第 8 期。

[7] 池国华、王钰:《内部控制缺陷披露与投资不足: 抑制还是加剧?》,载于《中南财经政法大学学报》2017 年第 6 期。

[8] 池国华、杨金:《高质量内部控制能够改善公司价值创造效果吗? ——基于沪市 A 股上市公司的实证研究》,载于《财经问题研究》2013 年第 8 期。

[9] 池国华、杨金、郭菁晶:《内部控制、EVA 考核对非效率投资的综合治理效应研究——来自国有控股上市公司的经验证据》,载于《会计研究》2016 年第 10 期。

[10] 池国华、邹威:《EVA 考核、管理层薪酬与非效率投资——基于沪深 A 股国有上市公司的经验证据》,载于《财经问题研究》2014 年第 7 期。

[11] 戴文涛、纳鹏杰、马超:《内部控制能预防和降低企业风险

吗?》,载于《财经问题研究》2014年第2期。

[12] 董望、陈汉文:《内部控制、应计质量与盈余反应——基于中国2009年A股上市公司的经验证据》,载于《审计研究》2011年第4期。

[13] 范经华、张雅曼、刘启亮:《内部控制,审计师行业专长、应计与真实盈余管理》,载于《会计研究》2013年第4期。

[14] 方红星、陈作华:《高质量内部控制能有效应对特质风险和系统风险吗?》,载于《会计研究》2015年第4期。

[15] 方红星、金玉娜:《高质量内部控制能抑制盈余管理吗?——基于自愿性内部控制鉴证报告的经验研究》,载于《会计研究》2011年第8期。

[16] 方红星、金玉娜:《公司治理、内部控制与非效率投资:理论分析与经验证据》,载于《会计研究》2013年第7期。

[17] 方红星、张志平:《内部控制质量与会计稳健性——来自深市A股公司2007-2010年年报的经验证据》,载于《审计与经济研究》2012年第5期。

[18] 干胜道、胡明霞:《管理层权力、内部控制与过度投资——基于国有上市公司的证据》,载于《审计与经济研究》2014年第5期。

[19] 高明华、杜雯翠:《外部监管、内部控制与企业经营风险——来自中国上市公司的经验证据》,载于《南方经济》2013年第12期。

[20] 韩静、笪彦雯、赵经纬:《稳健会计政策下的高管过度自信与投资效率关系研究》,载于《东南大学学报(哲学社会科学版)》2016年第1期。

[21] 郝东洋、王静、张天西:《内部控制效率、资本结构动态调整与公司价值》,载于《山西财经大学学报》2015年第12期。

[22] 郝颖、刘星:《资本投向、利益攫取与挤占效应》,载于《管理世界》2009年第5期。

[23] 郝颖、刘星、林朝南:《我国上市公司高管人员过度自信与投资决策的实证研究》,载于《中国管理科学》2005年第5期。

[24] 何源、白莹、文翘翘:《负债融资、大股东控制与企业过度投资行为》,载于《系统工程》2007年第3期。

[25] 姜秀付、伊志宏、苏飞、黄磊:《管理者背景特征与企业过

度投资行为》，载于《管理世界》2009年第1期。

[26] 李百兴、王博、卿小权：《企业社会责任履行、媒体监督与财务绩效研究——基于A股重污染行业的经验数据》，载于《会计研究》2018年第7期。

[27] 李博、赵树宽、余海晴：《政府补贴、过度投资与产能过剩——基于国有、非国有工业上市公司的实证研究》，载于《预测》2017年第6期。

[28] 李春霞、叶瑶：《基于负债和经理激励视角的企业投资不足研究——来自中国上市公司的经验证据》，载于《南方经济》2015年第1期。

[29] 李廉水、徐瑞：《环境规制对中国制造业技术创新的影响研究》，载于《河海大学学报》2016年第3期。

[30] 李强、冯波：《环境规制、政治关联与环境信息披露质量——基于重污染上市公司经验证据》，载于《经济与管理》2015年第7期。

[31] 李强、田双双：《环境规制能够促进企业环保投资吗——兼论市场竞争的影响》，载于《北京理工大学学报（社会科学版）》2016年第7期。

[32] 李青原、陈超：《最终控制人性质、会计信息质量与公司投资效率》，载于《经济评论》2010年第2期。

[33] 李荣梅、张胜强：《内部控制与企业价值相关性研究——基于沪深证券市场上市公司的数据分析》，载于《社会科学辑刊》2013年第6期。

[34] 李万福、林斌、宋璐：《内部控制在公司投资中的角色：效率促进还是抑制？》，载于《管理世界》2011年第2期。

[35] 李伟、李艳鹤：《内部控制质量、自由现金流量与非效率投资》，载于《财经问题研究》2017年第11期。

[36] 李瑛、杨蕾：《不同产权性质下会计稳健性与非效率投资行为实证研究》，载于《预测》2014年第5期。

[37] 李云鹤：《公司过度投资源于管理者代理还是过度自信》，载于《世界经济》2014年第12期。

[38] 李志斌：《内部控制与环境信息披露——来自中国制造业上市公司的经验证据》，载于《中国人口、资源与环境》2014年第6期。

[39] 廖义刚、邓贤琨：《环境不确定性、内部控制质量与投资效率》，载于《山西财经大学学报》2016年第8期。

[40] 林毅夫、刘明兴、章奇：《政策性负担与企业的预算软约束：来自中国的实证研究》，载于《管理世界》2004年第8期。

[41] 林钟高、陈俊杰：《终极控制人性质、内部控制缺陷与企业风险》，载于《财经理论与实践》2016年第4期。

[42] 林钟高、陈曦：《社会信任、内部控制重大缺陷及其修复与财务风险》，载于《当代财经》2016年第6期。

[43] 林钟高、陈曦：《现金持有水平、内部控制缺陷与过度投资》，载于《财经科学》2016年第11期。

[44] 林钟高、郑军、王书珍：《内部控制与企业价值研究——来自沪深两市A股的经验分析》，载于《财经研究》2007年第4期。

[45] 刘柏、王一博：《管理者过度自信异质性与企业投资行为偏差》，载于《江苏社会科学》2017年第2期。

[46] 刘昌国：《公司治理机制、自由现金流量与上市公司过度投资行为研究》，载于《经济科学》2006年第4期。

[47] 刘凤委、李琦：《市场竞争、EVA评价与企业过度投资》，载于《会计研究》2013年第2期。

[48] 刘航、文欣、张雨微：《产能过剩对工业品与投资品价格的影响研究》，载于《价格理论与实践》2015年第9期。

[49] 柳建华：《银行负债、预算软约束与企业投资》，载于《南方经济》2006年第9期。

[50] 刘萍萍：《环境规制与技术创新——基于世行中国企业调查数据》，载于《中国人口·资源与环境》2016年第5期。

[51] 刘启亮、罗乐、何威风、陈汉文：《产权性质、制度环境与内部控制》，载于《会计研究》2012年第3期。

[52] 刘启亮、罗乐、张雅曼、陈汉文：《高管集权、内部控制与会计信息质量》，载于《南开管理评论》2013年第1期。

[53] 刘焱：《企业生命周期、内部控制与过度投资》，载于《财经问题研究》2014年第11期。

[54] 刘焱、姚树中：《企业生命周期视角下的内部控制与公司绩效》，载于《系统工程》2014年第11期。

[55] 刘运国、刘梦宁：《雾霾影响了重污染企业的盈余管理吗？——基于政治成本假说的考察》，载于《会计研究》2015 年第 3 期。

[56] 娄昌龙、冉茂盛：《融资约束下环境规制对企业技术创新的影响》，载于《系统工程》2016 年第 12 期。

[57] 陆远权、朱小会：《政府规制、产能过剩与环境污染——基于我国省际面板数据的实证分析》，载于《软科学》2016 年第 10 期。

[58] 罗斌元：《内部控制、投资者情绪与企业投资效率》，载于《中南财经政法大学学报》2017 年第 6 期。

[59] 毛新述、孟杰：《内部控制与诉讼风险》，载于《管理世界》2013 年第 11 期。

[60] 彭耿、廖凯诚：《股权激励对企业非效率投资行为的影响研究——基于高管过度自信中介效应的视角》，载于《财经理论与实践》2016 年第 4 期。

[61] 齐保垒、田高良、李留闯：《上市公司内部控制缺陷与财务报告信息质量》，载于《管理科学》2010 年第 4 期。

[62] 任月君、郝泽露：《社会压力与环境信息披露研究》，载于《财经问题研究》2015 年第 5 期。

[63] 任月君、张凯华：《公共压力、公司治理与环境成本的相关性研究》，载于《财经问题研究》2016 年第 10 期。

[64] 尚春玲、高洁：《股权结构、内部控制与盈余稳健性》，载于《贵州财经大学学报》2014 年第 1 期。

[65] 沈红波、谢越、陈峥嵘：《企业的环境保护、社会责任及其市场效应》，载于《中国工业经济》2012 年第 1 期。

[66] 申慧慧、于鹏、吴联生：《国有股权、环境不确定性与投资效率》，载于《经济研究》2012 年第 7 期。

[67] 盛明泉、汪顺、张春强：《"雾霾"与企业融资——来自重污染类上市公司的经验证据》，载于《经济评论》2017 年第 5 期。

[68] 宋常、徐国伟、张士强：《上市公司内部控制与企业价值》，载于《山东社会科学》2014 年第 2 期。

[69] 孙慧、程柯：《政府层级、内部控制与投资效率》，载于《会计与经济研究》2013 年第 3 期。

[70] 唐国平、李龙会、吴德军：《环境管制、行业属性与企业环

保投资》，载于《会计研究》2013年第6期。

[71] 唐雪松：《政府干预、GDP增长与地方国企投资》，载于《金融研究》2010年第8期。

[72] 田利辉、李春霞：《债务约束、经理薪酬与上市公司过度投资研究》，载于《证券市场导报》，2014年第6期。

[73] 田祥宇、阎逸夫：《高管过度自信、会计稳健性和投资效率——基于我国沪深A股上市公司的实证研究》，载于《云南财经大学学报》2017年第1期。

[74] 童盼、陆正飞：《负债融资、负债来源与企业投资行为——来自中国上市公司的经验证据》，载于《经济研究》2005年第5期。

[75] 童伟伟、张建民：《环境规制能促进技术创新吗——基于中国制造业企业数据的再检验》，载于《财经科学》2012年第11期。

[76] 汪德华、周晓艳：《管理者过度自信与企业投资扭曲》，载于《山西财经大学学报》2007年第4期。

[77] 王红建、李青原、邢斐：《经济不确定型、现金持有水平及企业价值》，载于《金融研究》2014年第9期。

[78] 王立国、鞠蕾：《地方政府干预、企业过度投资与产能过剩：26个行业样本》，载于《改革》2012年第12期。

[79] 王书斌、徐盈之：《环境规制与雾霾脱钩效应——基于企业投资偏好的视角》，载于《中国工业经济》2015年第4期。

[80] 王书琴、赵蕊芬、王利军：《披露内部控制鉴证报告能够提高投资效率吗？——基于股权性质视角的研究》，载于《经济问题》2015年第12期。

[81] 王霞、徐晓东、王宸：《公共压力、社会声誉、内部治理与企业环境信息披露——来自中国制造业上市公司的证据》，载于《南开管理评论》2013年第2期。

[82] 王霞、张敏、于富生：《管理者过度自信与企业投资行为异化——来自我国证券市场的经验证据》，载于《南开管理评论》2008年第2期。

[83] 王永海、石青梅：《内部控制规范体系对公司风险承受是否具有抑制效应？——中国版"萨班斯"法案强制实施的风险后果分析》，载于《审计研究》2016年第3期。

[84] 王运陈、李明、唐曼萍：《产权性质、内部控制与会计信息质量——来自我国主板上市公司的经验证》，载于《财经科学》2015 年第 4 期。

[85] 王治、张皎洁、郑琦：《内部控制质量、产权性质与企业非效率投资——基于我国上市公司面板数据的实证研究》，载于《管理评论》2015 年第 9 期。

[86] 魏锋、刘星：《融资约束、不确定性对公司投资行为的影响》，载于《经济科学》2004 年第 2 期。

[87] 卫武、夏清华、贺伟、资海喜：《企业的可见性和脆弱性有助于提升对利益相关者压力的认知及其反应吗?》，载于《管理世界》2013 年第 12 期。

[88] 吴益兵：《内部控制的盈余管理抑制效应研究》，载于《厦门大学学报（哲学社会科学版）》2012 年第 2 期。

[89] 向锐：《CFO 财务执行力与企业过度投资——基于董事会视角的分析》，载于《会计研究》2015 年第 7 期。

[90] 肖怡清、陈宪：《技术进步对过度投资和产能过剩的中介作用——基于不同企业性质和行业性质的视角》，载于《上海大学学报（社会科学版）》2018 年第 3 期。

[91] 颉茂华、果婕欣、王瑾：《环境规制、技术创新与企业转型——以沪深上市重污染行业企业为例》，载于《研究与发展管理》2016 年第 2 期。

[92] 辛清泉、林斌、王彦超：《政府控制、经理薪酬与资本投资》，载于《经济研究》2007 年第 8 期。

[93] 邢春玉、张立民、李琰：《政治关联、内部控制与过度投资——来自中国民营上市公司的经验证据》，载于《科学决策》2016 年第 9 期。

[94] 徐虹、林钟高、余婷、何亚伟：《内部控制有效性、会计稳健性与商业信用模式》，载于《审计与经济研究》2013 年第 3 期。

[95] 许江波：《上市公司应计质量与内部控制缺陷——来自 2009 - 2010 年深市主板 A 股上市公司的经验证据》，载于《经济与管理研究》2013 年第 8 期。

[96] 许立志：《机构投资者异质性、内部控制和资本配置效率》，

载于《现代财经》2017年第3期。

[97] 徐倩：《不确定性、股权激励与非效率投资》，载于《会计研究》2014年第3期。

[98] 许松涛、肖序：《环境规制降低了重污染行业的投资效率吗?》，载于《公共管理学报》2017年第7期。

[99] 许卫华、王锋正：《环境规制与技术创新能力——基于资源型企业的实证研究》，载于《科学决策》2015年第9期。

[100] 徐晓东、张天西：《公司治理、自由现金流与非效率投资》，载于《财经研究》2009年第10期。

[101] 闫志刚：《内部控制质量、企业风险与权益资本成本——理论分析与实证检验》，载于《经济经纬》2012年第5期。

[102] 姚瑶、张雅曼、刘启亮、陈汉文：《内部控制有助于提升公司价值吗?》，载于《科学决策》2015年第1期。

[103] 叶陈刚、裘丽、张立娟：《公司治理结构、内部控制质量与企业财务绩效》，载于《审计研究》2016年第2期。

[104] 叶建芳、李丹蒙、章斌颖：《内部控制缺陷及其修正对盈余管理的影响》，载于《审计研究》2012年第6期。

[105] 杨慧辉、潘飞、昊玉芹：《股权激励中的大股东-高管权力博弈与公司的过度投资行为》，载于《江西财经大学学报》2015年第5期。

[106] 杨金、池国华：《融资约束下内部控制对投资不足的治理效应》，载于《中南财经政法大学学报》2016年第6期。

[107] 杨松令、解晰、张伟：《央企控股上市公司内部控制质量与企业价值关系研究》，载于《经济管理》2014年第7期。

[108] 杨兴全、张照南、吴昊旻：《治理环境、超额现金持有与过度投资——基于我国上市公司面板数据的分析》，载于《南开管理评论》2010年第5期。

[109] 杨治、路江涌、陶志刚：《政治庇护与改制：中国集体企业改制研究》，载于《经济研究》2007年第5期。

[110] 于海云：《内部控制质量、信用模式与企业价值——基于深市A股上市公司的实证分析》，载于《财经理论与实践》2011年第5期。

[111] 俞红海、徐龙炳、陈百助：《终极控股股东控制权与自由现金流过度投资》，载于《经济研究》2010年第8期。

[112] 于金、李楠：《高管激励、环境规制与技术创新》，载于《财经论丛》2016年第8期。

[113] 袁建国、蒋瑜峰、蔡艳芳：《会计信息质量与过度投资的关系研究》，载于《管理学报》2009年第3期。

[114] 袁晓波：《内部控制、产权与公司投资效率》，载于《财会通讯》2013年第7期。

[115] 袁晓波：《管理层激励、内部控制与公司绩效——来自中国沪市制造业上市公司的经验证据》，载于《天津大学学报（社会科学版）》2014年第11期。

[116] 约翰·梅纳德·凯恩斯：《就业、利息和货币通论》，陆梦龙译，中国社会科学出版社2009年版。

[117] 曾月明、付婷：《会计稳健性对企业过度投资的影响——基于不同终极控制权视角》，载于《现代财经》2016年第7期。

[118] 曾月明、刘佳佳：《我国重污染企业的政治成本、盈余管理与政府补助——基于"PM2.5爆表"事件背景》，载于《海南大学学报人文社会科学版》2016年第2期。

[119] 翟淑萍、卓然、王玥：《业绩预期压力、高管股权激励与企业投资不足》，载于《金融论坛》2017年第6期。

[120] 张超、刘星：《内部控制缺陷信息披露与企业投资效率——基于中国上市公司的经验研究》，载于《南开管理评论》2015年第5期。

[121] 张成：《内部控制能否缓解股利政策对投资决策的约束》，载于《税务与经济》2014年第1期。

[122] 张纯、吕伟：《信息披露、信息中介与企业过度投资》，载于《会计研究》2009年第1期。

[123] 张功富：《企业的自由现金流量全部用于过度投资了吗——来自中国上市公司的经验证据》，载于《经济与管理研究》2007年第6期。

[124] 张功富、宋献中：《我国上市公司投资过度还是不足？——基于沪深工业类上市公司非效率投资的实证度量》，载于《会计研究》2009年第5期。

[125] 张会丽、陆正飞：《现金分布、公司治理与过度投资——基于我国上市公司及其子公司的现金持有状况的考察》，载于《管理世界》2012年第3期。

［126］张济建、于连超、毕茜、潘俊：《媒体监督、环境规制与企业绿色投资》，载于《上海财经大学学报》2016 年第 10 期。

［127］张丽平、杨兴全：《管理者权力、管理层激励与过度投资》，载于《软科学》2012 年第 10 期。

［128］张先治、李琦：《基于 EVA 的业绩评价对央企过度投资行为影响的实证分析》，载于《当代财经》2012 年第 5 期。

［129］张秀敏、马默坤、陈婧：《外部压力对企业环境信息披露的监管效应》，载于《软科学》2016 年第 2 期。

［130］张宗益、郑志丹：《融资约束与代理成本对上市公司非效率投资的影响——基于双边随机边界模型的实证度量》，载于《管理工程学报》2012 年第 2 期。

［131］赵保卿、徐豪萍：《内部审计质量对企业投资效率的影响研究》，载于《南京审计大学学报》2017 年第 3 期。

［132］赵晓丽、赵越、姚进：《环境管制政策与企业行为——来自高耗能企业的证据》，载于《科研管理》2015 年第 10 期。

［133］钟凯、吕洁、程小可：《内部控制建设与企业创新投资：促进还是抑制？——中国"萨班斯"法案的经济后果》，载于《证券市场导报》2016 年第 9 期。

［134］中华人民共和国财政部：《企业会计准则》，经济科学出版社 2006 年版。

［135］钟玮、杨天化：《资本结构、内部控制与公司绩效——基于中国银行类上市公司的实证研究》，载于《经济与管理研究》2010 年第 5 期。

［136］"中央企业在资源节约型社会中的地位和作用研究"课题组：《中央企业在资源节约型社会中的地位和作用研究》，载于《管理世界》2007 年第 1 期。

［137］周传丽、余春芳：《高管配置、非效率投资与内部控制关系——基于上市家族企业的经验证据》，载于《北京工业大学学报（社会科学版）》2015 年第 3 期。

［138］周伟贤：《投资过度还是投资不足——基于 A 股上市公司的经验证据》，载于《中国工业经济》2010 年第 9 期。

［139］周晓利：《环境规制与企业技术创新的互动机制研究》，载

于《大连理工大学学报（社会科学版）》2016 年第 2 期。

［140］周晓苏、陈沉、吴锡皓：《会计稳健性、内部控制与投资效率——来自我国 A 股市场的经验证据》，载于《山西财经大学学报》2015 年第 11 期。

［141］周中胜、罗正英、周秀园、沈阳：《内部控制、企业投资与公司期权价值》，载于《会计研究》2017 年第 12 期。

［142］周中胜、徐红日、陈汉文、陈俊：《内部控制质量对公司投资支出与投资机会的敏感性的影响：基于我国上市公司的实证研究》，载于《管理评论》2016 年第 9 期。

［143］左锐、曹健、舒伟：《基于内部控制视角的企业环境风险管理研究——以紫金矿业为例》，载于《西安财经学院学报》2012 年第 5 期。

［144］左拙人、胡文卿：《股权异质性、内部控制与上市公司投资》，载于《山西财经大学学报》2017 年第 2 期。

［145］Ahmed A. S., Duellman S., Accounting Conservatism and Board of Director Characteristics: an Empirical Analysis. *Journal of Accounting and Economics*, Vol. 43, No. 2 – 3, 2007, pp. 411 – 437.

［146］Akerlof G. A., The Market for "Lemons": Quality Uncertainty and the Market Mechanism. *Quarterly Journal of Economics*, Vol. 84, No. 3, 1970, pp. 488 – 500.

［147］Almeida H., Campello M., Weisbach M., The Cash Flow Sensitivity of Cash. *Journal of Finance*, Vol. 59, No. 4, 2004, pp. 1777 – 1804.

［148］Ashbaugh – Skaife H., Collins D. W., Kinney W. R., LaFond R., The Effect of SOX Internal Control Deficiencies and Their Remediation on Accrual Quality. *The Accounting Review*, Vol. 83, No. 1, 2008, pp. 217 – 250.

［149］Ashbaugh – Skaife H., Collins D. W., Kinney W. R., LaFond R., The Effect of Sox Internal Deficiencies on Firm Risk and Cost of Equity. *Journal of Accounting Research*, Vol. 47, No. 1, 2009, pp. 1 – 43.

［150］Beneish D., Billings M., Hodder L., Internal Control Weaknesses and Information Uncertainty. *The Accounting Review*, Vol. 83, No. 3, 2008, pp. 665 – 703.

[151] Bertrand M., Mullainathan S., Enjoying the Quiet Life? Corporate Governance and Managerial Preferences. *Journal of Political Economy*, Vol. 111, No. 5, 2003, pp. 1043 – 1075.

[152] Biddle G., Hilary G., Verdi R. S., How does Financial Reporting Quality Relate to Investment Efficiency. *Journal of Accounting and Economics*, Vol. 48, No. 2 – 3, 2009, pp. 112 – 131.

[153] Billett M. T., Garfinkel J. A., Jiang Y., The Influence of Governance on Investment: Evidence from a Hazard Model. *Journal of Financial Economics*, Vol. 102, No. 3, 2011, pp. 643 – 670.

[154] Chan K. C., Farrell B., Lee P., Earnings Management of Firms Reporting Material Internal Control Weaknesses under Section 404 of the Sarbanes – Oxley Act. *Auditing: A Journal of Practice and Theory*, Vol. 27, No. 2, 2008, pp. 161 – 179.

[155] Chen F., Hope O., Li Q., Wang X., Financial Reporting Quality and Investment Efficiency of Private Firms in Emerging Markets. *The Accounting Review*, Vol. 86, No. 3, 2011, pp. 1255 – 1288.

[156] Chen J., Chan K. C., Dong W., Internal Control and Stock Price Crash Risk: Evidence from China. *European Accounting Review*, Vol. 26, No. 1, 2017, pp. 125 – 152.

[157] Cheng M., Dhaliwal D., Zhang Y., Does Investment Efficiency Improve after the Disclosure of Material Weaknesses in Internal Control over Financial Reporting?. *Journal of Accounting and Economics*, Vol. 56, No. 1, 2013, pp. 1 – 18.

[158] Claessens S., Djankov S., Fan J. P. H., Disentangling the Incentive and Entrenchment Effects of Large Shareholdings. *The Journal of Finance*, Vol. 57, No. 6, 2002, pp. 2741 – 2771.

[159] Cohen D. A., Dey A., Lys T. Z., Real and Accrual-based Earnings Management in the Pre – and Post – Sarbanes – Oxley Periods. *The Accounting Review*, Vol. 83, No. 3, 2008, pp. 757 – 787.

[160] Conyon M. J., Murphy K. J., The Prince and the Pauper? CEO Pay in the United States and United Kingdom. *The Economic Journal*, Vol. 110, No. 467, 2000, pp. 640 – 671.

[161] Cressy R., Olofsson C., The Financial Conditions for Swedish SMEs: Survey and Research Agenda. *Small Business Economics*, Vol. 9, No. 2, 1997, pp. 179 – 192.

[162] Doyle J. T., Ge W., McVay S., Determinants of Weaknesses in Internal Control over Financial Reporting. *Journal of Accounting and Economics*, Vol. 44, No. 1 – 2, 2007, pp. 193 – 223.

[163] Doyle J. T., Ge W., McVay S., Accruals Quality and Internal Control over Financial Reporting. *The Accounting Review*, Vol. 82, No. 5, 2007, pp. 1141 – 1170.

[164] Dyck A., Zingales L., Private Benefits of Control: An International Comparison. *The Journal of Finance*, Vol. 59, No. 2, 2004, pp. 537 – 600.

[165] Fama E. F., Miller M. H., *The Theory of Finance*. New York: Holt, Rinehart and Winston, 1972: 25 – 77.

[166] Faulkenden M., Wang R., Corporate Financial Policy and the Value of Cash. *Journal of Finance*, Vol. 61, No. 4, 2006, pp. 1957 – 1990.

[167] Fazzari S., Hubbard R. G., Petersen B. C., Financing Constraints and Corporate Investment. *Brookings Papers on Economic Activity*, Vol. 19, No. 1, 1988, pp. 141 – 195.

[168] Feng M., Li C., McVay S., Does Ineffective Internal Control over Financial Reporting Affect a Firm's Operations? Evidence from Firms' Inventory Management. *The Accounting Review*, Vol. 90, No. 3, 2015, pp. 529 – 557.

[169] Ge W., McVay S., The Disclosure of Material Weaknesses in Internal Controls after the Sarbanes – Oxley Act. *Accounting Horizons*, Vol. 19, No. 3, 2005, pp. 137 – 158.

[170] Giroud X., Mueller H., Does Corporate Governance Matter in Competitive Industries. *Journal of Financial Economics*, Vol. 95, No. 3, 2010, pp. 312 – 331.

[171] Goh B. W., Li D., Internal Controls and Conditional Conservatism. *The Accounting Review*, Vol. 86, No. 3, 2011, pp. 975 – 1005.

[172] Gomariz F., Ballesta J., Financial Reporting Quality, Debt

Maturity and Investment Efficiency. *Journal of Banking and Finance*, Vol. 40, No. 2, 2014, pp. 494 – 506.

[173] Grossman S. J., Hart O. D., One Share-one Vote and the Market for Corporate Control. *Journal of Financial Economics*. Vol. 20, No. 1, 1988, pp. 175 – 202.

[174] Hammersley J. S., Myers L. A., Shakespeare C., Market Reactions to the Disclosure of Internal Control Weaknesses and to the Characteristics of Those Weaknesses under Section 302 of the Sarbanes Oxley Act of 2002. *Review of Accounting Studies*, No. 13, No. 1, 2008, pp. 141 – 165.

[175] Heaton J. B., Managerial Optimism and Corporate Finance. *Financial Management*, Vol. 31, No. 2, 2002, pp. 33 – 45.

[176] Heinkel R., Zechner J., The Role of Debt and Preferred Stock as a Solution to Adverse Investment Incentives. *Journal of Financial and Quantitative Analysis*, Vol. 25, No. 1, 1990, pp. 1 – 24.

[177] Hogan C. E., Wilkins M. S., Evidence on the Audit Risk Model: Do Auditory Increase Audit Lees in the Presence of Internal Control Deficiencies?. *Contemporary Accounting Research*, Vol. 25, No. 1, 2008, pp. 219 – 242.

[178] Holmstrom B., Costa J. R., Managerial Incentives and Capital Management. *The Quarterly Journal of Economics*, Vol. 101, No. 4, 1986, pp. 835 – 860.

[179] Jaffee D., Russell T., Imperfect Information, Uncertainty and Credit Rationing. *Quarterly Journal of Economics*, Vol. 90, No. 4, 1976, pp. 651 – 666.

[180] Jensen M. C., Murphy K. J., Performance Pay and Top-management Incentives. *Journal of Political Economy*, Vol. 98, No. 2, 1990, pp. 225 – 264.

[181] Jensen M. C., Agency Costs of Free Cash Flow, Corporate Finance and Takeovers. *The American Economic Review*, Vol. 76, No. 2, 1986, pp. 323 – 329.

[182] Jensen M. C., Meckling W. H., Theory of the Firm: Managerial Behavior, Agency Costs and Ownership Structure. *Journal of Financial*

Economics, Vol. 3, No. 4, 1976, pp. 305 – 360.

[183] Johnson S., Porta R. L., Lopez-de-Silanes F., Tunneling. *The American Economic Review*, Vol. 90, No. 2, 2000, pp. 22 – 27.

[184] Jorgenson D. W., Capital Theory and Investment Behavior. *American Economic Review*, Vol. 53, No. 2, 1963, pp. 246 – 259.

[185] Jorgenson D. W., Econometric Studies of Investment Behavior: a Survey. *Journal of Economic Literature*, Vol. 9, No. 4, 1971, pp. 1111 – 1147.

[186] Lambert R. C., Verrecchia L. R., Accounting Information, Disclosure, and the Cost of Capital. *Journal of Accountng Research*, Vol. 45, No. 3, 2007, pp. 385 – 420.

[187] Langer E. J., The Illusion of Control. *Journal of Personality and Social Psychology*, Vol. 32, 1975, pp. 311 – 328.

[188] Lee J., Internal Control Weakness and Investment Efficiency: Evidence from Korea. *Korean Accounting Review*, Vol. 40, No. 2, 2015, pp. 109 – 149.

[189] Li H., Pincus M., Rego S., Market Reaction to Events Surrounding the Sarbanes – Oxley Act of 2002 and Earnings Management. *Journal of Law and Economics*, Vol. 51, No. 1, 2008, pp. 111 – 134.

[190] Li H., Zhou L. A., Political Turnover and Economic Performance: The Incentive Role of Personnel Control in China. *Journal of Public Economics*, Vol. 89, No. 9 – 10, 2005, pp. 1743 – 1762.

[191] Lin Y., Hu S., Chen M., Managerial Optimism and Corporate Investment: Some Empirical Evidence from Taiwan. *Pacific – Basin Finance Journal*, Vol. 13, No. 5, 2005, pp. 523 – 546.

[192] Malmendier U., Tate G., CEO overconfidence and corporate investment. *Journal of Finance*, Vol. 60, No. 6, 2005, pp. 2661 – 2700.

[193] McNichols M. E., Stubben S. R., Does Earnings Management Affect Firms' Investment Decisions?. *The Accounting Review*, Vol. 83, No. 6, 2008, pp. 1571 – 1603.

[194] Miguel A., Pindado J., Determinants of Capital Structure: New Evidence from Spanish Panel Data. *Journal of Corporate Finance*, Vol. 7,

No. 1, 2001, pp. 77 - 99.

[195] Miller R. L., Lewis W. F., A Stakeholder Approach to Marketing Management Using the Value Exchange Models. *European Journal of Marketing*, Vol. 25, No. 8, 1991, pp. 55 - 68.

[196] Modigliani F., Miller M., The Cost of Capital, Corporation Finance and the Theory of Investment. *American Economic Review*, Vol. 48, No. 3, 1958, pp. 261 - 297.

[197] Murillo - Luna J. L., Garcés - Ayerbe C., Rivera - Torres P., Why do Patterns of Environmental Response Differ? A Stakeholders' Pressure Approach. *Strategic Management Journal*, Vol. 29, No. 11, 2008, pp. 1225 - 1240.

[198] Myers S. C., Majluf N. S., Corporate Financing and Investment Decisions When Firms have Information that Investors do not Have. *Journal of Financial Economics*, Vol. 13, No. 2, 1984, pp. 187 - 221.

[199] Narayanan M. P., Managerial Incentives for Short - Term Results. *The Journal of Finance*, Vol. 40, No. 5, 1985, pp. 1469 - 1484.

[200] Narayanan M. P., Debt Versus Equity under Asymmetric Information. *Journal of Financial and Quantitative Analysis*, Vol. 23, No. 1, 1988, pp. 39 - 51.

[201] Ogneva M., Raghunandan K., Subramanyam K. R., Internal Control Weakness and Cost of Equity: Evidence From Sox Section 404 Disclosures. *The Accounting Review*, Vol. 82, No. 5, 2007, pp. 1255 - 1297.

[202] Pinnuck M., Lillis A. M., Prolit versus losses: Does Reporting an Accounting Loss Act as a Heuristic Trigger to Exercise the Abandonment Option and Divest Employees. *The Acounting Review*, Vol. 82, No. 1, 2007, pp. 1031 - 1053.

[203] Rezaee Z., Jain P. K., The Sarbanes - Oxley Act of 2002 and Capital - Market Behavior: Early Evidence. *Contemporary Accounting Research*, Vol. 23, No. 3, 2006, pp. 629 - 654.

[204] Richardson S., Over-investment of Free Cash Flow. *Review of Accounting Studies*, Vol. 11, No. 2 - 3, 2006, pp. 159 - 189.

[205] Roll R. The Hubris Hypothesis of Corporate Takeovers. *Journal of*

Business, Vol. 59, No. 1, 1986, pp. 197 – 216.

[206] Rose J. M., Norman C. S., Rose A. M., Perceptions of Investment Risk Associated with Material Control Weakness Pervasiveness and Disclosure Detail. *The Accounting Review*, Vol. 85, No. 5, 2010, pp. 1787 – 1807.

[207] Roychowdury S., Earnings Management through Real Activities Manipulations. *Journal of Accounting and Economics*, Vol. 42, No. 3, 2006, pp. 335 – 370.

[208] Scharfstein D. S., Skein J. C., Herd Behavior and Invesment. *The American Economic Review*, Vol. 80, No. 3, 1988, pp. 465 – 479.

[209] Shleifer A., Vishny R. W., Larger Shareholders and Corporate Control. *Journal of Political Economy*, Vol. 94, 1986, pp. 461 – 488.

[210] Shleifer A., Vishny R. W., Management Entrenchment: The Case of Manager – Specific Investments. *Journal of Financial Economics*, Vol. 25, No. 1, 1989, pp. 123 – 139.

[211] Stuiz R., Managerial Discretion and Optimal Financing Policies. *Journal of Financial Economics*, Vol. 26, No. 1, 1990, pp. 3 – 27.

[212] Tobin J., A general Equilibrium Approach of Monetary Theory. *Journal of Money, Credit and Banking*, Vol. 1, No. 1, 1969, pp. 15 – 29.

[213] Vogt S. C., The Cash Flow Investment Relationship: Evidence from US Manufacturing Firms. *Financial Management*, Vol. 23, No. 2, 1994, pp. 3 – 20.